Geist und Psyche

Theodor Reik
Dreißig Jahre
mit Sigmund Freud

Mit bisher unveröffentlichten Briefen
von Sigmund Freud an Theodor Reik

Kindler
Taschenbücher

# GEIST UND PSYCHE
## Herausgegeben von Nina Kindler

Die Originalausgabe dieses Buches erschien in dem Band
»The search within – The inner experience of a psychoanalyst«
als Vorspann »An author's note: A portrait comes to life«,
als Teil I »From thirty years with Freud« und als Teil VI
»Letters of Freud« bei Grove Press Inc., New York,
in Kooperation mit *Farrar, Straus and Cuhady*, New York.
Copyright © 1956 by Theodor Reik
Die Übersetzung aus dem Amerikanischen besorgte Dieter Dörr.

© Copyright 1976 für die deutschsprachige Ausgabe
by Kindler Verlag GmbH, München
Alle Rechte vorbehalten, auch die des teilweisen Abdruckes,
des öffentlichen Vortrages und der
Übertragung durch Rundfunk und Fernsehen.
Fotomechanische Wiedergabe nur mit Genehmigung des Verlages.
Redaktion: H. Watson
Korrekturen: L. Lang
Gesamtherstellung: Friedrich Pustet, Regensburg
Printed in Germany
ISBN 3 463 02172 2

# Inhalt

Der Autor erinnert sich: Ein Portrait erwacht zum Leben 7

Dreißig Jahre mit Sigmund Freud 10

Freuds Briefe an Theodor Reik 95

Sach- und Namenregister 121

# Der Autor erinnert sich:
## Ein Porträt erwacht zum Leben

Es ist zwei Uhr morgens. Ich sitze noch an meinem Schreibtisch, wieder einmal im Kampf mit jenem Buch, das mich schon seit vielen Jahren beschäftigt. Mutlosigkeit und Müdigkeit erfüllen mich. Meine Augen brennen. Am liebsten würde ich die vor mir liegenden Manuskriptseiten und Notizen zusammenraffen, in den Papierkorb werfen – und vergessen. Doch dann fällt mein Blick zufällig auf das über meinem Schreibtisch hängende Porträt FREUDS. Der Schein der Lampe fällt auf seine Gesichtszüge und für einen Augenblick scheint es, als ob er wieder zum Leben erwacht wäre. Ich sehe ihn vor mir an seinem Schreibtisch, sehe ihn sich erheben und auf mich zutreten, wobei er mir mit jener spontanen und charakteristischen Geste die Hand entgegenstreckt. Ich sehe, wie er die Papiere auf seinem Schreibtisch zur Seite schiebt, ein Zigarrenkistchen öffnet und mir hinhält.

Ich bin eine Zeitlang vor seinem Porträt gestanden, ging dann einige Schritte im Raum auf und ab und stehe jetzt wieder davor, seltsam bewegt. Ich erinnere mich noch an jenen Tag, an dem der Wiener MAX POLLAK es erstmals in HUGO HELLERS Galerie ausstellte. Das muß 1913 gewesen sein. Ein schwach beleuchteter Raum. Auf einem Tisch stehen im Vordergrund antike Bronzen und Figurinen, ausgegraben aus jahrhundertealten Ruinen, Phantome der Vergangenheit. Sie heben sich vom weißen Rand des Porträts deutlich ab. FREUDS Haupt, leicht nach vorn geneigt, mit scharfen Konturen. Die angehobenen Augenbrauen vermitteln den Eindruck gespannter Aufmerksamkeit. Tiefe Linien durchziehen die hohe Stirn, und vom Mund verlaufen zwei deutliche Falten bis zum Ansatz des kurzen weißen Barts. Die Augen fixieren den Beobachter und sehen zugleich durch ihn hindurch. Wie oft habe ich in diese Augen geschaut. Voll gespannter Aufmerksamkeit schienen sie sich ganz in ihr Objekt versenken zu wollen; und doch interessierte sie an ihm lediglich die Möglichkeit neuer Erkenntnisse. Eine Hand hält lose die Feder, als ob die plötzliche Vision einer lang gesuchten Antwort die Niederschrift unterbrochen hätte. Die andere liegt nachlässig auf dem Papier. Das durch das seitlich im Raum angebrachte Fenster fallende

Licht erhellt nur einen Teil der Stirn. Das übrige Gesicht liegt im Schatten, aus dem nur die Augen herausleuchten ... Und ganz plötzlich fallen mir einige seiner Worte ein. Während eines Spaziergangs hatte ich ihn gefragt, was er empfunden habe, als er erstmals intuitiv die in »Totem und Tabu« dargelegten psychischen Zusammenhänge erfaßte. Wahrscheinlich drückte ich mich dabei ziemlich »blumig« aus und sprach von einer »überwältigenden Freude«, denn er antwortete: »Ich fühlte nichts dieser Art, nur eine außerordentliche Klarheit.« Er war ein äußerst scharfer Beobachter mit einem großen Respekt vor der sinnlichen Wahrnehmung. Doch er verfügte außerdem über die Gabe der intuitiven Erkenntnis bzw. der unbewußten Wahrnehmung, die einem dunkleren Bereich entstammt. REMBRANDT war jedem anderen Künstler an Strenge und Genauigkeit der Beobachtung überlegen; trotzdem nannten ihn die Franzosen einen »*visionnaire*«. Denn es war die Dunkelheit, die ihm die Wunder des Lichts enthüllte. Und was der Kritiker EUGÈNE FROMENTIN über Rembrandt sagte, läßt sich auch auf FREUD anwenden: »*C'est avec de la nuit, qu'il a fait le jour.*«

Wie oft saß ich seit jenem kurzen ersten Besuch mit ihm an diesem Schreibtisch. (Ich erinnere mich vor allem an jenen bedeutsamen Tag im Jahr 1912, als ich ihm ankündigte, daß ich jetzt, nachdem ich meinen Dr. phil. in der Tasche hatte, Medizin studieren wollte. Er riet mir heftig davon ab und sagte: »Ich habe andere Dinge mit Ihnen vor, größere Pläne.« Er bestand darauf, daß ich meine psychoanalytischen Forschungen fortsetzen sollte.)

Einen Augenblick lang schien das Bildnis lebendig geworden zu sein, schien aus der Vergangenheit in die Gegenwart zu treten. Einige rasche Herzschläge lang dachte ich: er lebt. Jetzt, nachdem dieser Eindruck wieder abgeklungen ist, weiß ich, daß ich mich den Forderungen des Tages nicht entziehen darf.

Und diese Forderung verlangt von mir, meine Arbeit fortzusetzen, jene Bücher zu schreiben, die ich so lange in mir trug, die angefangenen Forschungen abzuschließen. Jener Moment, in dem FREUDS Porträt zum Leben zu erwachen schien, bekommt dadurch eine Bedeutung, die weit über den Augenblick hinausgeht. Die Erinnerung an ihn, das Beispiel seines unbeirrbaren und unermüdlichen Strebens, gab mir neuen Mut.

»Die Forderung des Tages« – das ist eine von GOETHES bevorzugten Maximen. Mein Blick wandert von FREUDS Bildnis zu GOETHES Büste auf dem Buchregal. Im April des Jahres 1825 kam der siebenjährige Walther von Goethe mit einem Album in der Hand zu seinem berühmten Großvater. In dem kleinen Buch hatten sich zuvor schon viele Damen und Herren der Weimarer Hofgesellschaft mit Denksprüchen verewigt. Die letzte Eintragung stammte von Frau Hofmarschall von Spiegel; sie hatte sich für die melancholischen Worte JEAN PAULS entschieden: »Der Mensch hat hier dritthalb Minuten: eine zu lächeln, eine zu seufzen und eine halbe zu lieben; denn mitten in dieser Minute stirbt er.« Nachdenklich las der 76jährige Dichter diese Zeilen, wobei er in sich einen gewissen Widerwillen gegen ihre zweifelhafte emotionale Affektiertheit aufsteigen spürte. Ihre sentimentale Resignation provozierte seinen Protest. Er nahm die Feder zur Hand, und während JEAN PAULS salbungsvolle Lebensweisheit noch in ihm nachklang, schrieb er mit seiner schon etwas zittrigen Hand diese leicht und gefällig fließenden Verse:

> Ihrer sechzig hat die Stunde,
> Über tausend hat der Tag.
> Söhnchen! werde dir die Kunde,
> Was man alles leisten mag.

# Dreißig Jahre mit Sigmund Freud

## I

Ich habe hier einige Erinnerungen niedergeschrieben, die sich während meiner dreißigjährigen Verbundenheit mit FREUD angesammelt haben. Es waren Jahre, in denen seine Arbeit und seine Persönlichkeit mir eine unschätzbare Inspiration bedeuteten. Die hier festgehaltenen Erinnerungen und Impressionen betreffen weitgehend die persönliche Sphäre; sie zeigen FREUD vor allem als Mensch und Wissenschaftler, ohne die Substanz seiner wissenschaftlichen Arbeit selbst zu berühren. Mein eigenes Lebenswerk und meine Bücher mögen Zeugnis davon ablegen, welch profunden Einfluß FREUDS wissenschaftliche Arbeit auf mich hatte. Ich habe nicht den Ehrgeiz eine Biographie zu schreiben, sondern möchte lediglich einige Eindrücke aus jenen Tagen festhalten, in denen er noch unter uns weilte und Gutes wirkte. Noch immer geschieht es häufig, daß ich mich beim Nachdenken über irgendein Problem bei dem Gedanken ertappe, ihm zu schreiben, um seine Meinung dazu zu hören. Ich höre mich dann leise die Anrede murmeln: »Lieber Herr Professor . . .« Und dann kommt mir plötzlich wieder zu Bewußtsein, daß er nicht mehr bei uns ist. Wenn ich heute in Büchern und Artikeln Persönlichkeitsbeschreibungen FREUDS lese, werde ich oft an eine kleine Geschichte erinnert, die ich als Junge in Wien hörte. Der alte Bauer war gestorben, und der Sohn, ein österreichischer Simplicissimus, wollte unbedingt ein Bild von dem lieben Dahingeschiedenen haben. Er wanderte also nach Wien, fand dort einen berühmten Porträtisten und beschrieb ihm genau das Aussehen des verstorbenen Vaters: seine Gesichtszüge, die Haar- und Augenfarbe usw. Der Maler versprach, sich genau daran zu halten. Als der naive Junge nach einigen Wochen wiederkam, brach er vor dem fertiggestellten Porträt in Tränen aus und schluchzte: »Armer Vater, wie sehr hast du dich in so kurzer Zeit verändert!« Eine große Zahl der in den letzten Jahren erschienenen Bücher und Artikel über FREUD, die angeblich ein korrektes Bild seiner Persönlichkeit geben, verleiten auch uns, die wir ihn gekannt haben, zu dem erstaunten Ausruf: wie sehr hat sich dieser Mann in so kurzer Zeit verändert!

Ich möchte mich gewiß keiner Intimität brüsten, die nicht vorhanden war. In seinen Büchern und in Unterhaltungen bezeichnete mich FREUD häufig als einen seiner Freunde. Ich selbst habe allerdings nie gewagt, mich so zu nennen. Man ist nicht »intim« mit einem Genie, so familiär und freundschaftlich sein Verhalten auch sein mag. In Unterhaltungen mit mir war FREUD nie mißtrauisch oder zurückhaltend; er war immer freundlich und voll persönlicher Wärme – mehr als sonst in seinen letzten Jahren. Mein verstorbener Freund Dr. HANNS SACHS bestätigte diesen Eindruck. Die von ihm nach Freuds Tod verfaßte schöne Würdigung schließt mit den Worten: »Er war sozusagen aus besserem Stoff als die gewöhnlichen Leute.« Doch darin konnte ich mit meinem Freund nicht übereinstimmen. Es ist sehr viel richtiger zu sagen, daß Freud aus demselben Stoff wie wir alle war. Doch sein unermüdlicher selbsterzieherischer Eifer formte und gestaltete das erbärmliche Material so lange, bis daraus tatsächlich etwas Größeres und Besseres entstanden war; erst dadurch wurde er zu einer Persönlichkeit, die in unserem Zeitalter einzig dasteht.

Wir wollen vermeiden, eine Legende aus ihm zu machen. Das würde er keinesfalls gewünscht haben. Zu seinem 70. Geburtstag bereiteten seine Schüler in Wien eine Feier vor. Doch dann verstarb überraschend Dr. KARL ABRAHAM, den FREUD für seinen wahrscheinlich begabtesten Anhänger hielt. FREUD, der von den Vorbereitungen gehört hatte, bat uns darauf, sie abzubrechen. »Man feiert keine Hochzeit, wenn ein Toter im Haus ist«, meinte er. Er ersuchte mich, vor der *Wiener Psychoanalytischen Gesellschaft* die Leichenrede für ABRAHAM zu halten. Natürlich war FREUD dabei zugegen, doch er wollte wegen seines Leidens nicht selbst sprechen. Nach der Rede drückte er mir still die Hand. Auf dem Heimweg lobte er mich dann, weil ich nicht nur die Tugenden, sondern auch die weniger guten Seiten unseres Freunds erwähnt hatte. »Genauso hätte ich es auch gemacht, Reik«, sagte er. »Das Sprichwort *De mortuis nil nisi bonum*[1] ist meiner Ansicht nach nichts als ein Relikt der primitiven Furcht vor den Toten. Wir Psychoanalytiker müssen solche Konventionen über Bord werfen. Wir können es ruhig den anderen überlassen, selbst vor Särgen noch zu heucheln.«

[1] Über die Toten soll man nur Gutes sagen (Anm. d. Red.).

Nein, wir wollen es nicht zulassen, daß man Legenden um ihn webt. Seine menschlichen Schwächen und seine Vorzüge äußerten sich in kleinen Zügen, die ihren Ursprung in früheren Entwicklungsphasen seiner Persönlichkeit hatten. Sie waren nie besonders auffällig. Er war zu großer Liebe fähig, doch er war auch ein guter Hasser. Er bemühte sich, seine Racheimpulse gegen ungerechte Behandlung zu unterdrücken, doch häufig verrieten sie sich in einem Wort, einer Geste oder auch nur im Tonfall. Im fortgeschrittenen Alter durchbrach, trotz aller Selbstkontrolle, mehr als ein bitteres Wort die Barriere. »Die Menschen sind ein Wolfspack«, konnte er dann sagen, »nichts als ein Wolfspack, das die zu Tode hetzt, die ihm Gutes tun könnten.« Solche Bemerkungen ließen uns aufhorchen. Doch selbst in diesen Fällen sprach er ohne starke Emotionen. Seine Bemerkungen klangen ganz selbstverständlich, wie ein endgültiges und besonnenes Urteil. Doch einmal – und nur einmal – sah ich ihn wirklich wütend. Nach außen allerdings verrieten nur eine plötzliche Blässe und die Art, wie er auf die Zigarre biß, seinen Zustand. Er konnte wie jeder andere Flüche und Beschimpfungen ausstoßen, doch er zog es vor, sie zu unterdrücken. Als ich einmal meine Verärgerung gegen einen bestimmten Psychiatrieprofessor und sein schäbiges Verhalten laut werden ließ, lächelte Freud lediglich vor sich hin. Er nickte wohl zustimmend mit dem Kopf, als ich einen Ausdruck gebrauchte, der jenem Mann menschliche Vorfahren absprach, doch er hielt seine eigene Verärgerung unter Kontrolle. Und als ich ihn einmal fragte, wie er ohne Zorn und Bitterkeit über so viele Jahre hinweg die Mißachtung und Feindseligkeit der Umwelt habe ertragen können, antwortete er: »Ich zog es vor, die Zeit zu meinen Gunsten entscheiden zu lassen.« Dann fügte er noch hinzu: »Im übrigen hätte es meine Gegner nur gefreut, wenn ich mein Verletztsein gezeigt hätte.«

Er war gegenüber Geringschätzung und Mißachtung keineswegs unempfindlich. Er fühlte sich verletzt, daß zu einer Zeit, in der er überall in der Welt bereits geehrt wurde, in Wien selbst die offizielle Anerkennung seiner Verdienste noch ausstand. Doch er verriet diese Gefühle höchstens in einem beiläufigen Scherzwort. So zog einmal ein Wiener Steuerbeamter seine Einkommenssteuererklärung in Zweifel mit dem Hinweis, daß FREUDS Ruhm weit über die Grenzen Österreichs hinausreichte.

FREUD kommentierte dies in seinem Antwortschreiben: »Doch er beginnt erst an der Grenze.«

Er war nicht rachsüchtig, doch er vergaß Beleidigungen auch nicht. Viele Jahre lang mied er die *Gesellschaft der Ärzte* in Wien, weil deren Mitglieder einst seinen Vortrag über die psychische Genese der (männlichen) Hysterie nicht ernst genommen hatten. Er bat mich einmal, etwas in einer wissenschaftlichen Publikation nachzusehen. Dabei stellte sich heraus, daß der entsprechende Jahrgang nur bei der *Gesellschaft der Ärzte* zu bekommen war. Zur Benützung der Bibliothek benötigte ich aber eine Empfehlung, die ich ihn auszustellen bat. Er versprach, meinem Wunsch nachzukommen, vergaß aber dann die ganze Sache, was recht ungewöhnlich für ihn war. Ich erinnerte ihn an sein Versprechen, doch er vergaß es wieder. Schließlich gestand er: »Ich brachte es einfach nicht über mich. Mein Widerstand war zu stark.«

Er sagte einmal zu mir, daß sich der Charakter im wesentlichen durch die Vorherrschaft eines Triebs über die anderen determinierte. In seiner Persönlichkeit war jener besondere Impuls, der einen Mann zum »Heiler« machte, nicht annähernd so stark wie sein Wissensdrang. Er zeigte nichts von jenem *furor therapeuticus*, der sich in so vielen Ärzten manifestiert. Wiederholt machte er uns gegenüber die Bemerkung, daß es drei »unmögliche« Aufgaben gebe: zu regieren, zu erziehen und zu heilen. Er wollte damit sagen, daß diese drei Leistungen in das Reich der Ideale gehörten. Die Aussicht, Arzt zu werden, stimmte ihn keineswegs überglücklich. Dafür erwachte schon recht früh in ihm der Wunsch, das menschliche Wissen um einen wesentlichen Beitrag zu bereichern. Dieses Verlangen war bereits in seinen späteren Schuljahren deutlich ausgeprägt. Der Grad seiner Selbstkontrolle war außergewöhnlich. Er sagte einmal, daß wir unsere kulturellen Leistungen großen Persönlichkeiten mit mächtigen Triebimpulsen verdankten. Diese Menschen verfügten zugleich über eine besondere Gabe der Selbstkontrolle, wodurch es ihnen gelang, diese Impulse höheren Zielen nutzbar zu machen. In seinem ausgezeichneten Aufsatz über den *Moses* von Michelangelo gab er uns ein Beispiel – oder vielmehr ein Idealbild – eines von starken Triebimpulsen beherrschten Genies, das seine zerstörerischen Emotionen zähmte und unter Kontrolle bekam.

Emotionen wie Ungeduld oder Gereiztheit verwandelte er regelmäßig in eine scherzhafte bzw. ironische Bemerkung. Es muß in einem solchen Augenblick der Verärgerung gewesen sein, hervorgerufen durch kleinliche Eifersüchteleien und Streitereien unter uns Schülern, als er aufseufzte: »Oh, wenn sie doch alle zusammen nur ein Hinterteil hätten!« Mit dieser Parodie auf Neros gewalttätigen Gefühlsausbruch verscheuchte er seinen eigenen Ärger.

Wie die Erfahrung zeigt, gibt es zwischen der schriftstellerischen und der rednerischen Begabung eine Art funktionelle Beziehung. So sind meisterhafte Stilisten nur selten gute Redner; die Fähigkeit, sich in einer dieser beiden Formen gut ausdrücken zu können, scheint die andere Ausdrucksform zu behindern. FREUD war ein meisterhafter Stilist. Seine Prosa mit ihrem luziden, ruhigen und assoziationsreichen Fluß verdient es, mit der Darstellungskunst der großen Schriftsteller verglichen zu werden. FREUD änderte die wohlbekannte Maxime[1] ab zu: »*Le style est l'histoire de l'homme.*«[2] Damit wollte er nicht nur sagen, daß literarische Einflüsse den Stil des Individuums prägen, sondern daß die individuelle Entwicklung und die damit verbundenen Erfahrungen ihren Teil zu der Ausformung des Stils beitragen.

Er war gewiß kein überragender Redner; tatsächlich scheute er öffentliche Auftritte. Vor Beginn eines Vortrags hatte er immer beträchtliche Widerstände zu überwinden. Seine Vortragsweise hatte überhaupt nichts Demagogisches an sich, nichts von impulsiver beziehungsweise emotionaler Überzeugungskraft. In ihrer Nüchternheit und Klarheit, ihrer langsamen, logischen Entwicklung und der Vorwegnahme möglicher Einwände hatte sie nichts von dem, was die Massen begeistert. Doch sie besaß alles, um unvoreingenommene, teilnehmende und mitdenkende Zuhörer zu überzeugen. Die sein Publikum in keiner Weise bedrängende, lockere Art des Vortrags hatte trotzdem etwas seltsam Zwingendes an sich. Im streng akademischen Sinn konnte man seine Vorträge bei Kongressen und wissenschaftlichen Treffen kaum als »Vorlesungen« bezeichnen. Sie waren vielmehr lockere Berichte und Zusammenfassungen seiner Erfahrungen und Forschungsarbeiten. Ihr Stil war eher unterhaltend, wobei formale Aspekte nur eine untergeordnete Rolle spielten. In einem

---

[1] [übers.:] Der Stil: das ist der Mensch.
[2] [übers.:] Der Stil ist die Geschichte des Menschen (Anm. d. Red.).

Brief erklärte er mir einmal, daß er sich bei einem Vortrag aus dem Publikum eine ihm sympathische Person auswählte und sich vorstellte, er würde nur für sie sprechen. Konnte er einen solchen Zuhörer nicht finden, fühlte er sich so lange nicht wohl, bis er wenigstens eine »Ersatzperson« gefunden hatte. Dieses Verfahren erklärt die direkte und persönliche Art seiner Vorlesungen sowie seine Methode, Einwände vorwegzunehmen und dabei die Zweifel und Fragen seines Publikums so zu formulieren, als ob er Gedankenlesen könnte. Diese sehr direkte Darstellungsweise läßt sich auch ohne große Mühe in seinen *Vorlesungen zur Einführung in die Psychoanalyse* ausfindig machen.

Er sprach immer *ex tempore*. Seine Vorlesungsvorbereitungen bestanden in langen Spaziergängen, bei denen er sein Thema durchdachte. Er sah es nicht gern, wenn wir, seine Schüler und Assistenten, unsere Arbeiten vom Blatt ablasen. Seiner Ansicht nach beeinträchtigte das Ablesen nicht nur die Konzentration des Zuhörers, sondern auch seine Identifikation mit dem Vortragenden. Das freie Sprechen begünstigte dagegen die Identifikation, weil der Redner dabei gezwungen war, die sich ihm aufdrängenden Vorstellungen und Gedanken vor dem Zuhörer zu entwickkeln. Selbst wenn er die Probleme zuvor schon wiederholt durchdacht und vorformuliert hatte, mußte er sie im Augenblick des Vortragens »rekreieren«. Diese Art des Vortrags fiel FREUD aufgrund seines erstaunlichen Gedächtnisses besonders leicht; vor allem in seinen früheren Jahren verfügte er über ein fast fotografisch getreues Erinnerungsvermögen.

Manchmal begann er eine Vorlesung mit einer völlig unwahrscheinlich klingenden Behauptung. Darauf folgte eine Reihe von Belegen, die es dem aufmerksamen und unvoreingenommenen Zuhörer schließlich unmöglich machte, seine Aussage weiter zu bezweifeln. Ich erinnere mich an einen Fall, als er eine solche, reichlich unwahrscheinliche Behauptung aufstellte, woran sich die Ermahnung an die Zuhörer knüpfte, diese nicht allein wegen ihres paradoxen und unglaubhaften Charakters zurückzuweisen. »Erinnern Sie sich, wie im *Hamlet* Horatio, als der Geist ihn aus dem Innern der Erde auffordert: Schwöre!, ausruft: ›O day and night, but this is wondrous strange‹[1], worauf Hamlet antwortet:

---

[1] [Nach der SCHLEGEL–TIECKschen Übersetzung:] »Beim Sonnenlicht, dies ist erstaunlich fremd«. (Danach folgt die berühmte Stelle, daß es mehr Dinge zwischen Himmel und Erde gibt, als unsere Schulweisheit sich träumen läßt.)

›And there fore as a stranger give it welcome‹[1]. In diesem Sinne möchte ich auch Sie auffordern, zunächst einmal diese seltsamen Dinge einfach willkommen zu heißen, die sich hier aus dem Grab der Vergangenheit vor uns erhoben.«

Beim Vortrag war seine Stimme gleichbleibend kraftvoll und angenehm; allerdings mußte er in späteren Jahren aufgrund seines Leidens plötzliche Pausen einlegen, um sich zu räuspern. Die Darstellungsweise verzichtete auf Ausschmückungen; nur selten benützte er Adjektive, da er eher zum Understatement neigte. Der reiche Fluß der Gedanken wurde vor dem Zuhörer ohne sensationelle Stimmschwankungen ausgebreitet. Nie habe ich gehört, daß er emotional oder gar sentimental geworden wäre. Seine Sehnsucht nach Klarheit war so groß, daß er unablässig versuchte, auch dem Publikum alles so klar wie möglich zu machen. War dies aus irgendeinem Grund nicht möglich, wies er freimütig auf die »dunklen Stellen« eines Problems hin. Um seine Vorstellungen dem Zuhörer faßbar und verständlich zu machen, zog er gern Beispiele aus dem Alltag heran. In einer Vorlesung des Jahres 1915 beschäftigte er sich mit der Bedeutung der Masturbation während der Kindheit und im Leben des Erwachsenen. Dabei zerstreute er zunächst alle moralischen Einwände gegen diese sexuelle Aktivität und bestand darauf, sie allein von ihrem Sinn und Zweck her zu beurteilen. Er verwies dazu auf die folgende Analogie: »Pfeil und Bogen waren in prähistorischer Zeit die einzige bzw. wirksamste Waffe des Menschen. Doch was würden Sie sagen, wenn heute ein französischer Soldat anstatt mit einem Gewehr mit Pfeil und Bogen in die Schlacht zöge?«

In den Diskussionen, die auf die Vorlesungen vor der *Psychoanalytischen Vereinigung* folgten, ergriff er normalerweise als letzter das Wort. Fast immer fand er ein freundliches Wort für den vortragenden Analytiker, doch er hielt auch mit seiner Kritik nicht zurück, die in jedem Fall *suaviter in modo, fortiter in re*[2] war. Ich erinnere mich an die Vorlesung eines jungen Kollegen, der, anstatt sein Problem wirklich zu analysieren, lediglich prätentiöse Pläne für die Untersuchung wissenschaftlicher Fragen bot. FREUD, der neben mir saß, schob mir während des Vortrags einen Zettel zu, auf dem die Frage stand: »Kann man durch das Lesen von Speisekarten satt werden?«

---

[1] [dito:] »So heiß' als einen Fremden es willkommen.«
[2] Sanft in der Art und Weise, aber hart in der Sache. (Anm. d. Red.).

Häufig überraschte er uns mitten in einer ernsthaften Diskussion durch eine humorvolle Bemerkung. Bei einem Vortrag vor der *Psychoanalytischen Vereinigung* von Wien hatte der New Yorker Analytiker Dr. FEIGENBAUM gezeigt, daß selbst die Hervorbringung absichtsvollen Unsinns, wie es sich beispielsweise beim Kartenspiel beobachten läßt, aufgrund von analytischen Untersuchungen unbewußte Zusammenhänge und Motivationen erkennen läßt. FREUD knüpfte daran die Bemerkung, daß es keineswegs leicht sei, bewußt absoluten Unsinn zu produzieren; auf der anderen Seite wüßte jedermann, daß die Bücher deutscher Gelehrter voll von leicht und absichtslos produziertem Unsinn wären.

Nach einer Vorlesung über sexuelle Probleme irgendwann im Jahr 1910 wurde während der anschließenden Diskussion die Frage nach der praktischen Lösung der sexuellen Probleme junger Menschen gestellt. Denn auf der einen Seite hatte die Psychoanalyse den Beweis erbracht, daß die erzwungene sexuelle Abstinenz einen wichtigen Faktor bei der Entstehung von Neurosen darstellt, während es gleichzeitig die wirtschaftlichen Gegebenheiten den meisten jungen Menschen unmöglich machten, sich frühzeitig zu verheiraten. Die öffentliche Moral verbot die Verführung junger Mädchen, die Ansteckungsgefahr den Verkehr mit Prostituierten usw. FREUDS Rat für die jungen Studenten lautete: »Leben Sie enthaltsam, aber unter Protest.« Seiner Ansicht nach war es lebensnotwendig, den inneren Protest gegen eine soziale Ordnung aufrechtzuerhalten, die geschlechtsreifen jungen Männern verbot, die Befriedigung ihrer normalen Triebbedürfnisse zu suchen. Er zog Parallelen zwischen dieser Haltung und der der französischen Enzyklopädisten des 18. Jahrhunderts, die sich nach außen der alles beherrschenden Macht der Kirche unterwarfen, gleichzeitig aber nicht ruhten, immer wieder gegen diese gewaltsame Bevormundung zu protestieren. Genau wie ANATOLE FRANCE, dessen Schriften er liebte, glaubte auch FREUD nicht an plötzliche revolutionäre Umstürze. (Er schätzte nicht nur die tiefe Weisheit, die aus dem Werk dieses Dichters sprach, sondern auch dessen subtile und geistreiche Darstellungskunst. Ich erinnere mich an sein lautes Lachen, als ich ihn bei einer Unterhaltung über die weibliche Gefühlswelt auf einen Roman von ANATOLE FRANCE hinwies. In *Monsieur Bergeret à Paris* versucht ein junger Mann eine Dame zu verführen. Der Frauenkenner ANATOLE FRANCE beschließt diese Szene wie folgt: »Er trat von neuem auf sie zu, nahm sie in seine Arme und überschüttete sie mit Zärtlichkeiten. Innerhalb kurzer Zeit waren ihre Kleider in einer solchen Unordnung, daß – neben anderen Überlegungen – allein schon die Scham ihr gebot, sie abzulegen.«) FREUD hatte mehr Vertrauen in die sich ständig verstärkende und beharrliche Kraft geduldigen Widerstands zur Hervorbringung sozialer Veränderungen. Er vertrat in diesem Zusammenhang auch die Ansicht, daß die Psychoanalyse, indem sie den Menschen ehrlicher und aufrichtiger machte, eine reformerische Kraft dieser Art sei. Er wiederholte häufig die Bemerkung, daß die Männer in bezug auf ihre Sexualität und das Geld große Heuchler seien. Sie weigern sich in beiden Fällen, ihre tatsächlichen Bedürfnisse offen einzugestehen.

Er war davon überzeugt, daß sich im Sexualverhalten des Individuums ein Prototyp seines Verhaltens in anderen Lebensbereichen erkennen ließ. Während wir einmal über einen Fall von Neurose sprachen, verwies er auf zwei Beispiele, die nicht in direktem Zusammenhang mit seiner praktischen Arbeit standen. Sie waren deshalb besonders interessant, weil es sich dabei um zwei berühmte Männer des 19. Jahrhunderts handelte. Der eine war der Mathematiker und Physiker CHRISTIAN DOPPLER von der Wiener Universität, der in jungen Jahren viel beachtete wissenschaftliche Arbeiten vorgelegt hatte. Weltberühmt wurde er durch den nach ihm benannten Doppler-Effekt. In späteren Jahren ließ seine wissenschaftliche Kreativität stark nach. Er beschäftigte sich immer mehr mit trivialen Dingen, wobei er einen Großteil seiner Zeit mit dem Ersinnen von Rätseln verbrachte. Werke mit wissenschaftlichem Anspruch veröffentlichte er in dieser Zeit nicht mehr. FREUD führte diese erstaunliche Entwicklung auf DOPPLERS unglückliches Eheleben zurück. »Moralische« Bedenken verboten es ihm, sich die notwendige innere Freiheit zu erkämpfen und die Scheidung zu beantragen. DOPPLER war in einen emotionalen Konflikt geraten, nachdem er die Bekanntschaft eines jungen Mädchens gemacht hatte, zu dem er sich stark hingezogen fühlte. Doch er entschied sich für die Resignation und die Fortsetzung seiner Ehe an der Seite einer ungeliebten Frau.

Diesem Verhalten stellte FREUD das eines anderen berühmten Mannes gegenüber, ROBERT KOCH. Dieser begann als Amtsarzt in einer kleinen deutschen Stadt, gewann aufgrund seiner ersten wissenschaftlichen Publikationen aber rasch beträchtliches Ansehen. Er war eine gute Mittelklasse-Ehe mit einer Frau, die er wohl respektierte, aber nicht liebte, eingegangen. Später traf auch er auf ein Mädchen, das seine große Liebe wurde. Im Gegensatz zu Doppler entschied sich aber Koch zu einer offenen und freundschaftlichen Aussprache mit seiner Frau, die schließlich in die Scheidung einwilligte. Er heiratete das Mädchen, das ihm eine mutige und verständnisvolle Lebensgefährtin wurde. Diese glückliche und erfüllte Ehe gab ihm die Kraft für eine wissenschaftliche Karriere mit immer neuen Erfolgen. Er entdeckte das Tuberkulosebakterium, erforschte die Schlafkrankheit und die Malaria und entwickelte neue medizinische Theorien und Methoden, die für immer mit seinem Namen verbunden sein werden. FREUD sah in KOCHS Verhalten angesichts der emotionalen Krise seiner ersten Ehe ein Zeichen größerer Charakterstärke. Mehr noch als das: dieses Verhalten hatte seinen Ursprung in einer »höheren Moral« als das DOPPLERS; die Grundwerte dieser Moral waren Aufrichtigkeit und Mut.

Ich war immer wieder überrascht von FREUDS literarischen Kenntnissen und dem Umfang seiner wissenschaftlichen Interessen. Er las Veröffentlichungen fast aller wissenschaftlichen Disziplinen. Er verfolgte nicht nur die Fortschritte auf medizinischem und biologischem Gebiet, sondern auch archäologische und historische Forschungsergebnisse, wobei er sein Wissen immer auf dem neuesten Stand hielt. Bis kurz vor seinem Tod war er ein unermüdlicher Leser. Ich wunderte mich immer wieder darüber, woher dieser Mann, dessen Tage mit so vielen Stunden erschöpfender analytischer Arbeit ausgefüllt und dessen Nächte weitgehend dem Schreiben vorbehalten waren, die Zeit für dieses umfangreiche Leseprogramm nahm. Und sein Lesen beschränkte sich keineswegs auf wissenschaftliche Gebiete, denn er las sehr gern Biographien und die Werke der zeitgenössischen Dichter, darunter ROMAIN ROLLAND, ARTHUR SCHNITZLER, FRANZ WERFEL und STEFAN ZWEIG. Ich erinnere mich an eine Unterhaltung über ein Drama STEFAN ZWEIGS, *Jeremias*, das gerade erst erschienen war. Ich machte die Bemerkung, daß RICHARD BEER-HOFMANNS Drama *Der junge David*, das verwandtes Material benützte, ZWEIGS Werk *[Vorspiel]* weit überlegen war. FREUD zeigte sich über diese Kritik recht erstaunt. Er erklärte, daß ihm eine solche Einstellung völlig fremd wäre, da er in bezug auf ästhetische Phänomene nie Vergleiche dieser Art zog. (Es spricht einiges dafür, daß er diese Haltung erst in späteren Jahren einnahm.)

Zur Verdeutlichung seiner Überlegungen und Erkenntnisse bediente er sich gern Analogien aus der Physik, da sich diese Disziplin mit dem Zusammenspiel von Kräften beschäftigt. Doch er gebrauchte auch Vergleiche mit chemischen oder biologischen Prozessen oder verwies auf archäologische Erkenntnisse, die ihn besonders faszinierten. In diesem Zusammenhang erinnere ich mich an einen anderen Vergleich, den er in einer Unterhaltung anführte, bei der es um die Funktion des Traumas für die Neurosenstruktur ging. FREUD erwähnte die Theorien der großen Geologen CHARLES LYELL und GEORGES DE CUVIER, dessen Katastrophenlehre er sich heftig widersetzte. CUVIER vertrat die Ansicht, daß die geologischen Veränderungen der Erde durch Katastrophen hervorgerufen wurden. FREUD teilte im Gegensatz dazu LYELLS Ansicht, daß Veränderungen dieser Art durch kontinuierlich wirkende Kräfte zu erklären seien, die über Tausende von Jahren hinweg unmerklich die Entwicklung vorantrieben. Ich erinnere mich noch an einen weiteren Vergleich aus der Geologie. Wir unterhielten uns darüber, daß in der Psychoanalyse nur die psychische Realität Bedeutung besitze; die materielle Realität spielt dabei lediglich eine untergeordnete Rolle. So macht es beispielsweise keinen Unterschied, ob ein Patient wirklich einen Traum hatte oder sich diesen nur einbildet. Die Unterhaltung wandte sich dann der psychischen Signifikanz der Lüge, vor allem bei Kindern, zu. FREUD wies darauf hin, daß die kindliche Lüge fast immer als imaginäre Wunscherfüllung zu betrachten sei. Unter dieser Perspektive ist es psychologisch unwichtig, ob wir es mit einer Lüge oder mit der Wahrheit zu tun haben, da die Grenzlinie zwischen beiden – in der Analyse, nicht in der Realität – unbestimmt und veränderlich verläuft. Er fügte hinzu: »Stellen Sie sich vor, das menschliche Auge könnte mit einem Blick alle Veränderungen wahrnehmen, die während Äonen von Jahren auf der Erde stattgefunden haben. Eine solche ›Vision‹ ließe alle Grenzen zwischen Bergen und Tälern, Wasser und Land unbestimmt und völlig unwesentlich werden.«

Bis ins hohe Alter zeigte sich FREUD gegenüber neuen Ideen und originellen Gedanken in der Psychoanalyse recht aufgeschlossen. Selbst wenn er ihnen nicht zustimmen konnte, begegnete er ihnen ohne Vorurteile. Allerdings dauerte es sehr lange, bis er neue Aspekte wirklich akzeptierte. Obwohl er immer ein lebhaftes und teilnehmendes Interesse an intellektuellen Weiterentwicklungen nahm, überließ er es doch der jüngeren Generation, die Psychoanalyse über jene spezifischen Begrenzungen hinauszuführen, die er sich selbst gesetzt hatte.

Er schärfte uns ein, daß es schon fast als schlechtes Zeichen zu betrachten sei, wenn ein neurotischer Patient die Ergebnisse der Analyse begeistert aufnähme. Seiner Meinung nach war nicht nur gegenüber der Analyse, sondern gegenüber jeder radikal neuen wissenschaftlichen Perspektive wohlwollende Skepsis sehr viel angebrachter. In diesem Zusammenhang wies er uns darauf hin, wie Hausfrauen einen guten von einem schlechten Ofen unterscheiden. Die schlechten sind jene, die sehr rasch warm werden, aber ebenso schnell wieder abkühlen. Die guten dagegen werden nur langsam warm, halten die Wärme aber auch viel länger.

Damit umschrieb er seine persönliche Haltung gegenüber neuen psychoanalytischen Methoden und Anwendungsbereichen. In späteren Jahren vermied er es normalerweise, zu neu veröffentlichten analytischen Werken Stellung zu nehmen. Er ließ sich sehr viel Zeit, bevor er ein abschließendes Urteil abgab. Doch er war so tolerant, die analytischen Bemühungen anderer wohlwollend zu verfolgen, auch wenn sie sich auf Pfaden bewegten, die er selbst nie beschritten hätte. So machte er nach der Vorlesung eines unserer Kollegen über umfassende Aspekte der Charakterneurosen die Bemerkung, daß er selbst die Perspektive sehr viel enger gefaßt hätte, doch daß die neue Generation verständlicherweise auch entferntere Bereich zu erforschen trachte. »Ich selbst segelte nur auf Seen. Doch es ist gut, wenn sie sich nun aufs offene Meer hinauswagen.«

Woher kommt eigentlich die in Amerika so weit verbreitete Ansicht, Freud wäre dogmatisch gewesen? Während meiner dreißigjährigen Bekanntschaft mit ihm habe ich nie Engstirnigkeit oder dogmatische Züge an ihm festgestellt. Ich habe diesem Buch einen Brief beigefügt (es ist seine Antwort auf meine Kritik seines *Dostojewski-Aufsatzes*[1]), der beweist, wie selbstkritisch er seiner Arbeit gegenüberstand und daß er Schwachheiten durch-

---

[1] *Dostojewski und die Vatertötung* (1928b), G. W. XIV, Stud. Ausg. X.

aus eingestehen konnte. Seine Intoleranz richtete sich ausschließlich auf die falsche Toleranz. Er betonte immer wieder, daß die Psychoanalyse an ihren eigenen Methoden festhalten sollte; er setzte alles daran, sie von anderen wissenschaftlichen Methoden freizuhalten.

Ich führte viele lange Gespräche mit ihm über die Qualifikationen und die Ausbildung des Analytikers. Wir stimmten darin überein, daß ein Medizinstudium dafür unangemessen war. FREUD wies bei einer dieser Unterhaltungen darauf hin, daß Dichter wie SHAKESPEARE, GOETHE, DOSTOJEWSKI und Philosophen wie PLATON, SCHOPENHAUER und NIETZSCHE den fundamentalen Wahrheiten der Psychoanalyse sehr viel näher gekommen wären als die Ärzte. Er gab mir auch den Hinweis, daß der Naturforscher und Philosoph PARACELSUS (1493–1541) eine Theorie der Neurosentherapie entwickelt hatte, die Gemeinsamkeiten mit dem psychoanalytischen Ansatz aufwies. So hatte PARACELSUS, der als Scharlatan angegriffen wurde, eine Stärkung des Ego empfohlen als Gegengewicht zu den instinktiven Kräften, die sich auf krankhafte Weise in Neurosen auswirken. »Was er darunter genau verstand, weiß ich nicht«, fügte FREUD hinzu, »doch zweifellos ist diese Überlegung richtig.«

In bezug auf die Ausbildung des Analytikers stimmte FREUD nicht mit mir überein. Seiner Meinung nach stellte ich zu hohe Ansprüche; außerdem hatte er mehr Vertrauen in die theoretische Unterweisung als ich. Allerdings gab er zu, daß persönliche Neigungen und individuelle Begabung eine größere Rolle spielen, als allgemein angenommen wird. Bei einem Gespräch über DOSTOJEWSKI stimmte er mir lächelnd zu, als ich die Meinung äußerte, dieser Dichter hätte über größeres psychologisches Einfühlungsvermögen verfügt als die gesamte *Internationale Psychoanalytische Vereinigung*. Er betrachtete diesen Dichter als ein einzig dastehendes Phänomen. Ich erwiderte darauf, daß alle Unterweisungen und Kontrollanalysen wertlos bleiben müßten, sofern die angehenden Analytiker nicht über eine angeborene Begabung, also jene »psychische Sensibilität« verfügten, von der er selbst einmal gesprochen habe. Er nickte wohl dazu, bestand aber darauf, daß die Gabe zur Erfassung der unbewußten Prozesse sehr viel weiter verbreitet wäre, als ich zugeben wollte; außerdem könnte die Analyse dazu beitragen, diese Begabung zu entwickeln und zu erweitern. Schließlich einigten wir uns darauf, daß im Idealfall ein »geborener Psychologe« sich mit der analytischen Methode vertraut machte, um sie dann praktisch anzuwenden. Wir waren uns auch einig darüber, daß diese »geborenen Psychologen« keineswegs nur im Kreis der Psychiater und Neurologen zu suchen waren. Meiner Meinung nach sind sie dort genauso dünn gesät wie in jeder anderen Personengruppe.

Manchmal äußerte sich FREUD recht pessimistisch über die Zukunft der Psychoanalyse. Ich erfuhr, daß er einmal sogar die Äußerung machte, daß nach seinem Tod auch die Psychoanalyse dahinsiechen würde. Doch gewiß entsprang eine solche Bemerkung einer augenblicklichen Phase der Niedergeschlagenheit. In späteren Jahren zeigte er sich recht zuversichtlich und optimistisch. Er war sicher, daß diese von ihm begründete Wissenschaft eine Zukunft hatte. Er wußte aber auch, daß sie Modifikationen und Korrekturen unterzogen würde, daß Ergänzungen und neue Perspektiven ihr Gesicht verändern würden. Doch das, was FREUD aus den tiefsten Tiefen und Abgründen der Psyche ans Tageslicht holte, wird Bestand haben; die fruchtbaren Einflüsse seines Werks werden weiterwirken und das individuelle wie das Leben der Nationen immer stärker formen. Vor allem aber wird sein wissenschaftlicher Ansatz weiterwirken, der die Aufmerksamkeit auf das Unauffällige, das Verborgene und Verschleierte lenkte.

Hier ist nicht der Platz, die Entwicklung seiner Vorstellungen und Erkenntnisse zu diskutieren. Die griechische Mythologie berichtet vom Stall des Königs Augias, in dem 30 Jahre lang 3000 Ochsen untergebracht waren, ohne daß er gereinigt wurde. Das von FREUD errichtete prachtvolle Gebäude droht durch die Mißverständnisse und Verzerrungen, die Vereinfachungen und Verfälschungen, denen die Psychoanalyse im Rahmen ihrer Popularisierung während der vergangenen 30 Jahre unterworfen war, ebenfalls zu einem Augiasstall zu werden. Auch dieses Gebäude wurde seit 30 Jahren nicht mehr gereinigt – obwohl es während dieser Zeit leider von mehr als 3000 Ochsen betreten wurde. Verglichen mit der hier notwendigen Säuberungsarbeit, war die Aufgabe, die Herakles zu lösen hatte, ein Kinderspiel.

Die notwendigen Kenntnisse müssen der neuen Generation von einer kleinen Gruppe von Freudschülern vermittelt werden. FREUD war sicher, daß sich die Psychoanalyse nach einer kurzen Periode der Unfruchtbarkeit, der Verwirrung und des Obskurantismus ihren Platz im Leben der zivilisierten Völker erkämpfen würde. Sein letztes Werk enthält die großartige Vision vom Schicksal des MOSES und seiner Mission, ein Schicksal, das sehr wohl auch sein eigenes sein könnte. Doch gibt er damit nicht zugleich auch die Verheißung, daß seine kleine Gefolgschaft die große Aufgabe meistern wird? Er verweist auf die Leviten, die allen Gefahren trotzten und alle schädlichen Einflüsse abwehrten, um das Erbe eines Genies für das nächste Jahrtausend zu retten. Wird damit nicht zugleich auch die Aufgabe seiner eigenen kleinen Gefolgschaft umrissen? FREUDS Tod bedeutet keineswegs den Anfang vom Ende, wie seine Feinde so gern behaupten, sondern lediglich das Ende des Anfangs.

In unserem Gedächtnis hat sich für immer ein Zug FREUDS besonders tief eingeprägt: seine absolute Aufrichtigkeit. Er wagte es, Gedanken wirklich zu Ende zu denken, Gedanken, mit denen sich zuvor nur sehr wenige konfrontiert sahen und vor denen die meisten kehrt machten und flohen. Er jedoch stellte sich den Problemen der Sexualität und des Geschlechtsverhältnisses, den Grundfragen des Lebens, der Liebe und des Tods und versuchte jenen mächtigen Trieben auf die Spur zu kommen, die uns bestimmen, obwohl wir sie durch erbarmungswürdige Kunstgriffe vor uns und anderen zu verbergen trachten. Ohne Furcht und Vorurteile ertrug er die Konfrontation mit den ihn und uns alle bestimmenden psychischen Prozessen. Er war mutiger als seine Zeit. Und diese Qualitäten – Talent, äußerste Aufrichtigkeit und der Mut, die eigenen Gedanken konsequent zu Ende zu denken – sind meiner Ansicht nach die Kriterien für jene seltenen menschlichen Wesen, die wir genial nennen.

## II

Fast 45 Jahre sind vergangen, seit ich mit klopfendem Herzen das erstemal die Stufen zum Haus Berggasse Nr. 19 hinaufstieg. Zu jener Zeit studierte ich an der Wiener Universität Psychologie. Ungefähr ein halbes Jahr zuvor hatte unser verehrter Professor FRIEDRICH JODL das erste und einzige Mal in seiner Vorlesung den Namen SIGMUND FREUDS erwähnt. Damals standen alle psychologischen Forschungen unter der Ägide der experimentellen Psychologie. Wenn wir an psychische Prozesse dachten, dachten wir sofort an Laborbedingungen, an Tests und Experimente, bei denen die Probanden bestimmten Reizen ausgesetzt wurden, deren Wirkungen, beispielsweise in Form von Blutdruckveränderungen, dann genau gemessen wurden.

Professor JODL hatte uns wochenlang über WUNDTS Assoziationsgesetze vorgetragen. Zum Schluß hatte er uns dann nebenbei und ironisch lächelnd darauf hingewiesen, daß es in Wien einen Dozenten gäbe, nach dessen Ansicht ein bestimmter Typus des Vergessens nicht diesen Gesetzen folge, sondern den Gesetzlichkeiten eines psychischen Prozesses unterworfen sei, den er »Verdrängung« nannte. Auch wir Studenten lächelten ironisch über diese Behauptung, denn wir hatten, genau wie unser Professor, volles Vertrauen in die Richtigkeit unserer Kenntnisse über die menschliche Seele.

Einige Zeit später fiel mir ein Buch dieses Dozenten in die Hände, das den Titel *Die Traumdeutung* trug. Ich begann darin zu lesen, legte es jedoch bald wieder zur Seite. Es schien mir ziemlich albern zu sein, war ich doch ein gläubiger Anhänger der WUNDTschen Psychologie. Einige Tage danach nahm ich es wieder zur Hand – ich hatte es neben ZIEHENS psychologischem Lehrbuch auf meinem Schreibtisch liegen lassen –, und dieses Mal versenkte ich mich immer mehr in seine Lektüre, fasziniert bis zur letzten Zeile. In den folgenden Wochen verschlang ich mit immer größerem Erstaunen alles, was dieser Autor bis jetzt veröffentlicht hatte. Hier fand ich die so lange gesuchte Psychologie, eine wirkliche wissenschaftliche Erforschung des psychischen Untergrunds. Hier war, wonach ich seit jenem Tag gesucht hatte, an dem ich, allen Einwänden »praktisch denkender Leute« zum Trotz, mit meinen psychologischen Studien begonnen hatte. Hier war etwas, das sich nicht auf andere psychologische Lehrbücher stützte, sondern an die Andeutungen, Vorahnungen und Visionen eines GOETHE, SHAKESPEARE, DOSTOJEWSKI, SCHOPENHAUER und NIETZSCHE anknüpfte.

Einige Monate danach stand ich das erste Mal in FREUDS Arbeitsraum, stand vor seinem Schreibtisch, umgeben von ägyptischen und etruskischen Figurinen, ausgegrabenen Trophäen einer vor langer Zeit untergegangenen Welt.

In den folgenden Jahren verging kaum eine Woche, ohne daß ich ihn gesehen hätte. Die Vorlesungen in der alten Psychiatrischen Klinik in der Lazarettgasse, die Diskussionen im Rahmen der *Psychoanalytischen Vereinigung* von Wien und später dann die Mittwochabendtreffen in seiner Wohnung (damals war er bereits leidend und empfing nur noch seine engsten Mitarbeiter – manchmal zitierte er bei diesen Gelegenheiten frei nach Goethe: »Von Zeit zu Zeit seh' ich die Jungen gern«) – das alles sind unvergessene und für immer unvergeßliche Erlebnisse.

Wer FREUD nicht wirklich nahestand, kann sich keine Vorstellung von seiner Persönlichkeit machen; er war größer als sein Werk, ein Werk, das die bis heute tiefsten Einsichten in das psychische Leben des Menschen hervorgebracht hat. Viele, die heute über die ganze Erde verstreut sind, wissen, wie freundlich, hilfsbereit und loyal er war. Ich sehe noch immer sein Lächeln vor mir, als er eines Tages völlig unerwartet in unserer kleinen Wohnung in Berlin erschien, nachdem er sich vier Treppen hinaufbemüht hatte. Es war 1915, ich hatte gerade geheiratet und war so arm, wie es nur ein Doktor der Philosophie sein kann. FREUD überraschte uns mit der Mitteilung, daß die *Psychoanalytische Vereinigung* mir den ersten Preis für die beste wissenschaftliche Arbeit auf dem Gebiet der angewandten Psychoanalyse zugesprochen habe. Es war wie ein Märchen, das Wunderbarste daran war aber FREUDS Lächeln. Es machte ihm offensichtlich großes Vergnügen, mir die Preissumme zu überreichen, die keineswegs besonders hoch war, mir unter den damaligen Umständen aber wie ein Vermögen erschien.

Kurz vor Hitlers Einmarsch in unser Österreich sah ich ihn das letzte Mal. Das war nach meinem Holland-Aufenthalt. Ich war damals bereits 50, und doch spürte ich wieder dieselbe freudige Erwartung, als ich an seiner Tür läutete, wie als 20jähriger Junge.

Ich fand ihn stark verändert, die Haut welk, die Augen tief eingesunken. Die Hände, mit denen er das Zigarrenkistchen öffnete, schienen nur noch aus Haut und Knochen zu bestehen. Doch seine Augen, diese neugierigen und durchdringenden Augen, waren so lebhaft und gütig wie immer. Und auch während der Unterhaltung zeigte er das alte eifrige Interesse. Alles, was er sagte, konnte so nur von ihm gesagt werden. Wir unterhielten uns über Probleme unserer Wissenschaft, und es schien mir, als ob die Weisheit des Alters ihm Mysterien enthüllt hätte, von deren Existenz ich noch nicht einmal etwas ahnte. Nach einer ausgedehnten Diskussion über psychoanalytische Probleme wandten wir uns den Tagesereignissen zu. FREUD sah die äußerst gefährliche Situation Österreichs und zweifelte sehr, ob es dem Druck von außen noch lange würde standhalten können. Er hatte keine Angst um sich selbst, doch er sah dunkle Wolken über der Zukunft.

Nur wenige seiner Bemerkungen sollen hier wiedergegeben werden. Er sah voraus, daß es über eine längere Zeit hinweg so aussehen könne, als ob die Psychoanalyse besiegt am Boden liege. Doch danach würde sich ihr Einfluß desto mächtiger ausbreiten. Er war auch keineswegs von der Brutalität und blinden Grausamkeit des Nazi-Regimes überrascht. Man hatte den Eindruck, als ob er die Entwicklung vorausgesehen und sich dagegen gewappnet hätte. Was ihn dagegen überraschte, war die intellektuelle Einstellung der Mehrheit der Deutschen zu den Geschehnissen; er hatte ihnen mehr Einsicht und Urteilsvermögen zugetraut. Während wir über Rassenvorurteile sprachen, meinte er lächelnd: »Sehen Sie, wie armselig selbst die Einbildungskraft eines Dichters sein kann. SHAKESPEARE läßt in seinem *Sommernachtstraum* eine Frau in Liebe zu einem Esel verfallen, worüber alle höchst erstaunt sind. Doch nun, schauen Sie es sich an, verfällt eine Nation von 65 Millionen Menschen einem . . .« Er vollendete den Satz mit einer verächtlichen Handbewegung.

Wir sprachen von den Juden und ihrem Schicksal. (Zu dieser Zeit arbeitete er noch am Manuskript seines *Moses*.) Er zeigte sich keineswegs völlig verzweifelt. »Unsere Feinde wollen uns vernichten. Doch es wird ihnen nicht gelingen, uns über die Welt zu zerstreuen.« Obwohl er gegen jede Art nationalistischer Vorurteile war, liebte er sein Volk und glaubte nicht, daß die Verfolgungen seinen Lebenswillen brechen könnten. Als ich auf die drohende Tragödie der Juden hinwies, erwiderte er: »Die Wege des Herrn sind unergründlich.«

In diesem Zusammenhang möchte ich eine Antwort FREUDS zitieren, die er einer Londoner Wochenzeitung gab, von der er um seine Meinung zu den Judenverfolgungen durch die Nazis gebeten worden war. Sie sollte im Rahmen eines Symposions veröffentlicht werden. FREUD wollte sich dazu nicht äußern, sondern zitierte ein französisches Sprichwort:

> *Le bruit est pour le fat,*
> *La plainte est pour le sot;*

*L' honnête homme trompé*
*S'en va et ne dit mot.*[1]

Er war nicht sehr überrascht, als der Haß gegen die Juden ausbrach. Als er erfuhr, daß in Berlin seine Bücher, zusammen mit denen von HEINE, SCHNITZLER, WASSERMANN und so vielen anderen, öffentlich geschmäht und verbrannt wurden, sagte er ganz ruhig: »Zumindest brenne ich in bester Gesellschaft.« Ein Journalist zitierte in der *New York Times* FREUDS Kommentar zu einem bestimmten Vorfall: »›Sie erklärten mir‹, sagte er, ›daß die Psychoanalyse nichts gemein habe mit ihrer Weltanschauung, und ich denke, daß sie recht haben.‹ Er sagte das ganz gelassen und unemotional, als ob er über einen völlig Fremden reden würde.«

Es ist bekannt, daß er dem Schicksal seines Volks keineswegs gleichgültig gegenüberstand. So begrüßte er die Ansiedlung in Palästina, wie aus einem Schreiben an die jüdische Organisation *Keren Hajazoth* vom 20. Juni 1925 ersichtlich ist: »Sie ist ein Zeichen unseres unbesiegbaren Lebenswillens, der seit 2000 Jahren die schrecklichsten Verfolgungen überstanden hat. Unsere Jugend wird den Kampf fortführen.«

Wenn ich hier noch einige eher persönliche Elemente dieser letzten Unterhaltung anführe, so tue ich das, um die charmante und geistvolle Art des 80jährigen zu charakterisieren. Ich möchte, wenigstens andeutungsweise, einen Eindruck von der Anmut seines Geistes sowie der Güte und Bescheidenheit seines Charakters geben. Wir sprachen von meinem zuletzt erschienenen Buch. Er lobte es in Worten, die ich mir immer wieder gern ins Gedächtnis rufe. Gleichzeitig kritisierte er aber auch einige ironische Urteile, die ich über die Arbeiten anderer Kollegen abgegeben hatte. Ich erklärte ihm dazu: »Ich mache mir kaum etwas aus dem, was die Kollegen über meine Bücher denken. Für mich ist nur Ihre Meinung wesentlich. Nur was Sie mir sagen ist für mich wichtig.« »Da tun Sie aber Unrecht, Reik«, erwiderte er. »Sie müssen die Meinungen Ihrer Kollegen in Betracht ziehen. Ich bin doch nicht mehr wichtig, ich bin doch bereits ein Außen-

---

[1] [wörtl. übers:]

> Der Lärm ist für den Laffen;
> die Klage ist für den Dummen;
> Der Ehrenmann, den man betrügt,
> geht seines Wegs und sagt kein Wort (Anm. d. Red.).

seiter – ich gehöre nicht mehr länger . . . verstehen Sie«, fügte er nach einer kurzen Pause hinzu, »Ihr Verhalten ist wirklich unvernünftig; Sie erinnern mich an den Helden eines Märchens, das ich einmal gelesen habe – wo war das nur? – Im Orient, sagen wir in Bagdad, lebte einst ein Barbier, der seine Kunden häufig von einer wunderschönen Prinzessin in einem weit entfernten Land sprechen hörte, die von einem bösen Zauberer gefangengehalten wurde. Der kühne Held, der die Prinzessin befreien würde, sollte nicht nur ihre Hand, sondern auch ein großes Königreich als Belohnung erhalten. Viele Ritter und Prinzen hatten sich schon aufgemacht, sie zu befreien, doch keiner von ihnen war bis zu ihr vorgestoßen. Denn vor dem Schloß lag ein riesiger, düsterer Wald. Wer ihn betrat, wurde von Löwen angefallen und zerrissen. Die wenigen, die den Löwen entkamen, stießen auf zwei schreckliche Riesen, die sie mit ihren Keulen erschlugen. Doch einige entrannen auch dieser Gefahr und hatten nach Jahren gefährlicher Abenteuer endlich das Schloß erreicht. Als sie dann versuchten, über eine Treppe zu der Prinzessin zu gelangen, brach diese durch die Magie des Zauberers unter ihnen zusammen. Ein besonders tapferer Prinz hatte jedoch auch diese Gefahr überstanden und war glücklich in die große Halle gelangt, in der die Prinzessin thronte. Doch dort brannte ein schreckliches Feuer, das ihn verschlang. Der abenteuersüchtige Barbier wurde durch diese Erzählungen von der schönen Prinzessin so stark beeindruckt, daß er schließlich seinen Laden verkaufte und sich zu ihrer Befreiung aufmachte. Und das Glück begleitete ihn: er entkam den wilden Löwen, überwand die Riesen und bestand noch viele andere Abenteuer, bis er schließlich zum Schloß kam. Es gelang ihm, die unter ihm zusammenbrechende Treppe zu überwinden, und mutig stürzte er sich in das Flammenmeer, das die Halle zu zerstören drohte. An ihrem Ende konnte er undeutlich die Gestalt der Prinzessin erkennen. Als er sich ihr dann näherte, sah er eine alte, gebeugte Frau, die sich im Sitzen auf einen Stock stützte. Ihr Gesicht war voller Runzeln und Warzen, das nach hinten gekämmte Haar bestand nur noch aus wenigen schneeweißen Strähnen. Der tapfere Barbier hatte völlig vergessen, daß die Prinzessin bereits seit sechzig Jahren auf ihren Befreier wartete . . .

Nein, mein lieber Reik, es ist nicht richtig, wenn Sie sich ausschließlich auf mich mich meine Meinung verlassen. Sie müssen schon auch auf das hören, was Ihre Kollegen von Ihrer Arbeit halten.«

Das war ganz charakteristisch für FREUD.

## III

Der größte Teil der in diesem Kapitel skizzierten Erinnerungen kam mir während der vergangenen Jahre bei ganz verschiedenen Gelegenheiten ins Bewußtsein; manchmal auch über recht verblüffende Umwege. Einige ließen sich sofort identifizieren, andere nahmen erst nach einiger Zeit deutliche Gestalt an. Ein paar davon wurden ganz offensichtlich durch bestimmte Gedanken und äußere Anregungen wieder ins Gedächtnis gerufen. Das trifft vor allem auch auf jene Erinnerungen und Impressionen zu, die durch ERNEST JONES' Freud-Biographie in mir wach wurden. Die von JONES beschriebene Periode (im Band 1) beschäftigt sich mit der Zeit, die vor meiner persönlichen Bekanntschaft mit FREUD lag, dem ich 1910 zum erstenmal begegnete. Doch beim Lesen wurden Eindrücke wiederaufgefrischt, die aus den Jahren danach stammten. Diese Reminiszenzen waren ganz unterschiedlicher Art; nur in einigen Fällen waren es klare Erinnerungen an bestimmte Aussagen von ihm. Sie wurden regelmäßig von visuellen Eindrücken begleitet, in denen ich FREUD beispielsweise mir gegenüber an seinem Schreibtisch sitzen oder eine Vorlesung in der Psychiatrischen Klinik in der Lazarettgasse halten sah; oder ich sah uns nach einer Vorlesung zusammen nach Hause gehen. In wenigen Fällen kann ich mich sogar genau an den Ort erinnern, an dem er etwas Bestimmtes sagte, als ob die Lokalität an sich eine gewisse Bedeutung hätte. Es gibt auch einige Fälle, bei denen ich mich an bestimmte Details seiner Stimme erinnere, ihr Timbre, die Intonation und Modulation, die Betonung eines Satzes, selbst an ein Räuspern. Im Gefolge dieser akustischen Erinnerungen treten mir auch die späteren Jahre wieder ins Bewußtsein, als er häufiger husten mußte, wozu er immer sein Taschentuch herauszog, um danach einen Augenblick gedankenverloren das Sputum zu betrachten. (Normalerweise erinnert man sich nur sehr selten an bestimmte Gesten; FREUD war aber in dieser Beziehung relativ ausdrucksarm.) Assoziationen, deren Ursprung und Zusammenhang leicht durchschaubar sind, führen von hier aus zu jener Zeit, in der ich FREUD erstmals über Krebs sprechen hörte. Er äußerte sich über den Eifer jüngerer Psychoanalytiker, die sich bemühen, ihre Patienten so schnell wie möglich von ihren neurotischen und oft schmerzhaften Symptomen zu befreien. Er erklärte, daß Leiden eine biologische Notwendigkeit sei, und verwies in diesem Zusammenhang auf bestimmte physische Erkrankungen – beispielsweise Krebs –, die deshalb so gefährlich sind, weil während ihrer Anfangsphasen keine Schmerzsignale auftreten.

Viele dieser Erinnerungen kamen mir während psychoanalytischer Sitzungen mit Patienten wieder in den Sinn, entweder während sie mir von bestimmten Erlebnissen und Erfahrungen berichteten, oder während ich eine analytische Interpretation versuchte. Manchmal traten sie auch im Rahmen einer Vorlesung oder eines Seminars auf, wenn ich den jungen Leuten bestimmte Vorstellungen und Zusammenhänge nahebringen wollte. Ich versuchte meinen Studenten dann genau zu erklären, wie FREUDS Stellung zu diesem Problem war. Es konnte auch geschehen, daß mir während einer Sitzung von irgendwoher ein Ausspruch FREUDS in den Sinn kam, der einen emotionalen Verhaltenskomplex oder einen unbewußten dynamischen Prozeß zusammenfaßte bzw. erklärte, als ob er mir helfen wollte, die aktuelle Situation klarer zu sehen. In anderen Fällen drängten sich nach einer Erklärung von meiner Seite plötzlich bestimmte Erinnerungen ins Bewußtsein, wodurch sich schlagartig die verborgene Bedeutung eines Traums enthüllte, oder es gelang mir überraschend, andere psychologische Einsichten besonders klar zu formulieren. In solchen Fällen wurde ich mir plötzlich bewußt, daß es wohl meine Stimme war, die sprach, daß jedoch FREUD das Problem mit genau diesen Worten behandelt hatte.

Bei gedanklichen ›Umwegen‹ dieser Art erinnerte ich mich häufig an besonders plastische Bilder und Vergleiche, die er benützte, oder an die überraschende Formulierung neuer Erkenntnisse; das *mot juste* [rechte Wort], das er bei diesen Gelegenheiten fand, wurde von mir nicht selten so überzeugend vorgetragen, als ob es von mir selbst kreiert worden wäre – um dann plötzlich als sein geistiges Eigentum erkannt zu werden. In jenen frühen Jahren kritisierte man uns FREUD-Schüler häufig wegen unserer völligen Identifikation mit unserem Lehrer. Natürlich identifizierten wir uns sehr stark mit ihm, doch man ist versucht zu fragen: Was sonst sollten wir mit ihm tun? Außerdem ist der Prozeß der Identifikation psychologisch keineswegs so eindeutig, wie sich diese Kritiker offensichtlich vorstellten. Es verbergen sich darin verschiedene unbewußte Motivationen und Absichten, und selbstverständlich umfaßt er auch feindselige Aspekte. Am Ende eines solchen emotionalen Prozesses ist es so gut wie bedeutungslos, zwischen dem, was zum Identifikationsobjekt, und dem, was zum transformierten Ego gehört, zu unterscheiden.

Der *Talmud* berichtet, daß Moses, als er vom Sinaigebirge herabkam, so voll des göttlichen Geistes war, daß er dem Volk erklärte: *Ich* gebe euch das Gesetz. Den Studenten eines chassidischen Rabbi erschien diese Haltung als Blasphemie, und sie baten ihn um eine Interpretation. Dieser antwortete mit einer beziehungsreichen Parabel: Ein Kaufmann wollte eine Reise unternehmen. Er stellte einen Gehilfen ein, der ihn während dieser Zeit vertreten sollte. Dieser Gehilfe übernahm sofort den Verkauf, wobei er von dem Kaufmann aus einem Nebengemach überwacht wurde. Von dort aus konnte er den neuen Gehilfen häufig zu den Kunden sagen hören: »Mein Herr kann Ihnen das nicht zu diesem Preis überlassen.« Daraus schloß der Kaufmann, daß er seine Reise vorläufig noch verschieben mußte. Im zweiten Jahr hörte er dann den Gehilfen häufig sagen: »Zu diesem Preis können wir es Ihnen nicht überlassen.« Der Kaufmann erkannte daran, daß die Zeit noch immer nicht reif war. Doch schließlich, im dritten Jahr, hörte er, wie der Gehilfe den Kunden erklärte: »Ich kann es Ihnen zu diesem Preis nicht geben.« Jetzt wußte der Kaufmann, daß er sich beruhigt auf seine Reise begeben konnte.

Es können alltägliche Kleinigkeiten sein, die in mir wieder Erinnerungen an Freud wachrufen. Dazu gehört beispielsweise auch der Papierbogen, vor dem ich im Augenblick sitze. Ich bevorzuge große Bögen, genau wie Freud, der mir eines Tages dazu erklärte: »Wenn ich mich schon auf so vielen Lebensgebieten einschränken muß, will ich wenigstens beim Schreiben eine gewisse Großzügigkeit und Freiheit genießen.« Zusammmen mit einer Äußerung über die Graphologie tritt mir jetzt auch wieder das Bild seiner großen, schrägen Schrift mit ihren von links unten nach rechts oben ansteigenden Buchstaben ins Bewußtsein. Er erzählte mir einmal von dem Schreiben einer ihm unbekannten Russin, die an einer schweren seelischen Störung litt und seit langer Zeit von Psychiater zu Psychiater wanderte. Sie war viele Monate bei Dr. P. Sollier in Paris in Behandlung gewesen und fragte jetzt Freud, ob er sie als Patientin annehmen würde. Sie gab ihm aber in ihrem französisch geschriebenen Brief zugleich zu verstehen, daß sie über bestimmte Dinge nicht sprechen könnte. Nachdem ich diesen Abschnitt gelesen hatte, machte er mich auf die Handschrift der Dame aufmerksam. »Was halten Sie davon?« fragte er mich. Die Schrift wirkte recht seltsam, obwohl sie sehr regelmäßig war. Auffällig war jedoch, daß jeder Buchstabe sich nach links beugte – als ob die Schrift sich insgesamt zurücklehnen würde. »Zweifellos«, meinte Freud, »drücken wir unseren Charakter auch durch unsere Schrift aus. Doch leider ist sie äußerst vieldeutig, so daß jede Interpretation ungewiß wird. Bis jetzt kann die Graphologie noch nicht als wissenschaftliche Methode betrachtet werden.«

Die Unterhaltung über diesen Brief ruft mir wieder Freuds Vorliebe für plastische Vergleiche, Bilder und Analogien ins Gedächtnis. So hatte diese Patientin ihr Verlangen nach einer analytischen Behandlung geäußert, sofern man ihr gestattete, bestimmte Dinge für sich zu behalten. Freud erklärte, daß solche Vorbehalte bei der Psychoanalyse unmöglich wären; sie würde ihren Sinn verlieren, wenn gewisse Gebiete ausgeklammert und undurchforscht blieben. »Wenn wir annehmen, daß die Wiener Polizei einige bestimmte Viertel und Straßenzüge der Stadt nicht betreten dürfte, glauben Sie, daß man dann die Sicherheit Wiens besonders hoch veranschlagen könnte?«

Er zeigte sich höchst amüsiert, als ich ihm in diesem Zusammenhang von einem Patienten aus Neuengland erzählte, der beim Eröffnungsinterview erklärte: »Ein Gentleman spricht weder über seine Mutter noch über seine Religion.«

Hier sind noch einige zufällig notierte Beispiele, die Freuds Vorliebe für plastische Bilder und Metaphern belegen. So kommentierte er das Verhalten eines Patienten, der über lange Zeit erfolgreich seine masochistischen Neigungen unter Kontrolle gehalten hatte, so daß er kurz vor ihrer endgültigen Überwindung zu stehen schien, dann aber im letzten Augenblick doch wieder in seine Perversion zurückfiel: »Er benimmt sich wie ein Wanderer, der bereits die Lichter seines Dorfs leuchten sieht und kurz davor in die letzte Kaschemme einkehrt.« Derselbe Patient hatte sich zuerst von seiner extrem dominierenden Gattin ge-

34

trennt, dann aber eine Affäre mit einer sehr maskulinen Frau begonnen. FREUD: »Er hat die Peitsche zerbrochen, um sich unter die Herrschaft der neunschwänzigen Katze zu begeben.«

Die Tatsache, daß Patienten, die sich an ihre Frustrationen und Symptome gewöhnt und mit ihnen zu leben gelernt haben, sich durch die Psychoanalyse unvermeidlich aufgeschreckt, verängstigt und verunsichert fühlen, da die alten Konflikte während der Sitzungen wieder bewußt gemacht werden, kommentierte er trocken: »Ja, die Psychoanalyse rüttelt sie auf. *Pour faire une omelette, il faut casser des oeufs.*[1]« Bei einem Spaziergang sprachen wir über die sich ständig steigernden Probleme und Widerstände bei fortschreitender Analyse der verdrängten Motivationen und Ursprünge neurotischer Störungen. Er streckte die Hand aus und sagte: »Wenn Sie wie die Kinder dort drüben in sandigem Boden graben, wird die Arbeit zuerst rasch vorangehen. Doch wenn Sie tiefer kommen, stoßen Sie auf Steine, und oft wird es scheinen, als ob Ihr Spaten nicht mehr tiefer dringen könnte.« In ähnlicher Weise verglich er die analytische Exploration auch mit dem Niederbringen einer Bohrung oder dem Vorantreiben eines Minenschachtes. Als er einmal über die Zukunft der Psychoanalyse sprach, meinte er, daß die Analytiker auf der einen Seite und die Endokrinologen sowie verwandte Disziplinen auf der anderen Tunnels vorantrieben, um sich in der Mitte zu treffen. Er gebrauchte häufig Vergleiche aus der Archäologie oder anderen Disziplinen, die sich mit der Frühgeschichte der Menschheit beschäftigen; so beispielsweise, wenn er die frühe Kindheit die Prähistorie des Individuums nennt. Und er liebte auch Analogien aus dem Alltagsleben sowie plastische Redensarten. Als ich einmal von einer Patientin berichtete, die während eines heftigen Ehekrachs gedroht hatte, ihren Gatten zu verlassen, meinte FREUD: »Es wird selten so heiß gegessen wie gekocht wird.« Bei einer Unterhaltung über die Bedeutung unbewußter Widerstände gegenüber gewissen neuen Erkenntnissen sagte er: »Man braucht kaum mehr als einen Tag und eine Nacht, um mit dem Zug von Berlin nach Verdun zu kommen. Doch die deutsche Armee brauchte Monate, um diese Strecke zurückzulegen. Denn da waren die französischen Divisionen, die ihnen beträchtlichen Widerstand entgegensetzten.«

---

[1] Wer ein Omelett machen will, muß die Eier zerschlagen (Anm. d. Red.).

Manchmal gebrauchte er auch literarische Zitate, um seiner Meinung Ausdruck zu geben. Hier sind zwei Beispiele: Ich sprach über einen Patienten, der deutliche Gehbehinderungen ganz offensichtlich psychosomatischen Ursprungs aufwies. Ich sagte FREUD, daß einige Ärzte die Behinderungen als Anfangssymptome einer multiplen Sklerose diagnostizierten. Als ich dann hinzufügte, daß der Patient immer wieder kurze völlig symptomfreie Phasen habe, zitierte FREUD: »Die war's nicht, der's geschah.« Dieser Vers stammt aus einem Liebesgedicht des österreichischen Schriftstellers FRIEDRICH HALM (1806–1871). Eine Zeile daraus lautet: »Und sag mir, wie die Liebe stirbt?« Darauf folgt dann die von FREUD zitierte Zeile, der damit eine Diagnose auf multiple Sklerose zurückwies.

Bei anderer Gelegenheit berichtete ich ihm, daß ich ein bestimmtes Element im Traum eines meiner Patienten nicht deuten konnte; in dieser Traumsequenz spielten Äpfel eine besondere Rolle. Als Antwort zitierte FREUD aus der *Walpurgisnacht* jene Stelle, wo Faust mit einer jungen Hexe tanzt und dabei sagt:

> »Einst hatt ich einen schönen Traum:
> Da sah ich einen Apfelbaum,
> Zwei schöne Äpfel glänzten dran;
> Sie reizten mich, ich stieg hinan.«

Darauf antwortet die Schöne:

> »Der Äpfelchen begehrt ihr sehr,
> Und schon vom Paradiese her.
> Von Freuden fühl ich mich bewegt,
> Daß auch mein Garten solche trägt.«

Mit diesem Hinweis fiel es mir nicht mehr schwer, die richtige Interpretation zu finden.

Bei einer Unterhaltung über die Psychopathologie von Kriminellen betonte FREUD die Unterschiede zwischen neurotischen und kriminellen Persönlichkeitsstrukturen. Er vertrat die Ansicht, daß Analogien, in denen das Verhalten neurotischer Patienten mit dem von Straffälligen verglichen wird, so lange nur von sehr begrenztem Wert wären, wie noch keine individuellen analytischen Fallstudien von Delinquenten vorlägen; denn jene bei Kriminellen auffälligen Züge erschienen im emotionalen Leben der Neurotiker nur sporadisch und isoliert wie »Adern im Gestein«.

Er sagte auch einmal, daß Männer, die sich bei der Vorstellung inzestuöser Beziehungen zu ihren Müttern schockiert zeigten, nur über eine schwache Potenz verfügten oder impotent wären, »weil sie vor diesem Potential zurückschreckten wie ein Pferd vor dem eigenen Schatten«. Er fügte hinzu, daß man in jeder Frau ein wenig von der Mutter wiederfindet.

FREUD war weit davon entfernt, anzunehmen, daß die Psychoanalyse bei jeder Art emotionaler Konflikte hilfreich und heilsam sei; häufig war sie seiner Meinung nach nicht indiziert. So sagte er in einem mir bekannten Fall, bei dem ein Mann seine Frau verlassen hatte, worauf diese in ihrem Schmerz bei Freud um analytische Hilfe bat: »*C'est un malheur comme un autre*[1], und man muß damit genauso fertig werden wie mit anderen Unglücksfällen. Die Psychoanalyse kann hier nicht helfen, vielleicht ist Resignation die richtige Antwort.«

Lange Zeit mißtraute FREUD allen Versuchen, die analytische Behandlung abzukürzen; immer wieder machte er sarkastische Bemerkungen über bestimmte analytische Neuerungen. Als wir eines Tages den neu eingerichteten Konsultationsraum eines unserer Kollegen besuchten, meinte FREUD, während er auf die sehr breite Couch wies: »Die ist wohl eher für Gruppenanalyse.«

Ich erinnere mich, daß unter den ersten Patienten, die er an mich überwies, ein junger Mann mit ernsten nervösen Störungen war. Er hatte mich beim Eingangsinterview darüber informiert, daß er bei einem bekannten Virtuosen Violinunterricht nahm. Bei einer der folgenden Sitzungen brachte er seinen Geigenkasten mit und legte ihn einfach auf meinen Schreibtisch und die dort lagernden Manuskripte. Als ich FREUD davon berichtete, kritisierte er mich, weil ich zu wenig Honorar von meinem Patienten verlangt hatte. FREUD interpretierte das Verhalten meines Patienten als symptomatische Aktion, durch die er seine unbewußte Verachtung mir gegenüber deutlich machen wollte. Diese basierte darauf, daß ich weniger Honorar von ihm forderte als sein Violinlehrer. Als ich FREUD später gewisse Eigentümlichkeiten dieses Falles berichtete, meinte er, daß sich das seltsame Verhalten meines Patienten wahrscheinlich auf bestimmte unbekannte traumatische Erlebnisse in dessen Kindheit zurückführen

[1] [übers.:] Das ist ein Unglück wie ein anderes (Anm. d. Red.).

ließe, die im Unterbewußtsein fortwirkten. Sehr viel später bestätigte sich diese Vermutung: Der Onkel des Patienten, in dessen Haus er als Junge herangewachsen war, enthüllte mir ein Geheimnis, von dem keines der übrigen Familienmitglieder wußte. Die Mutter des Jungen war geisteskrank geworden und hatte ihn sehr schlecht behandelt. Der Patient hatte aber keine bewußte Erinnerung mehr an sie; er wußte auch nicht, daß sie in einer Anstalt gestorben war.

Ich habe mir oft über Freuds Verhältnis zu Frauen Gedanken gemacht. Ganz bestimmt teilte er nicht die amerikanische Vorstellung von der Gleichberechtigung der Geschlechter; er war vielmehr der Ansicht, daß der Mann die Führung in der Ehe übernehmen sollte. Er sprach in bezug auf die Vereinigten Staaten von einem Matriarchat, in dem die Frauen die eigentlichen Herrscher waren. Sein Verhalten gegenüber Frauen war altmodisch-galant; bei Unterhaltungen verriet er tiefe Einsicht in ihr emotionales Leben. Manchmal hörte ich ihn auch über sie scherzen. In Abwandlung einer geläufigen Wiener Redensart, die von den Frauen gebraucht wurde, wenn sie über das Einkaufen sprachen, sagte er einmal: »Eine Frau ist teuer, aber man hat sie auch lange Zeit.« Ein anderes Mal sagte er scherzend, daß eine Frau, die sich innerlich unwohl oder unzufrieden fühlt, entweder den Arzt konsultiert oder einkaufen geht.

Er verglich einmal den analytischen Prozeß bei bestimmten masochistischen Fällen, in welchen der Patient sich unbewußt einer gestrengen Bestrafung seiner eingebildeten Untaten unterwirft, mit einem realen Gerichtsverfahren. Der Analytiker hat dabei die Rolle, den Fall vor ein Berufungsgericht zu bringen und dort zu plädieren, daß das Superego zu streng war, weshalb er um ein milderes Urteil nachsucht. Er verglich den analytischen Prozeß aber auch mit einem Akt der Umerziehung des Individuums, das dauernd zwischen den Forderungen seiner Triebe und den im Superego inkorporierten gesellschaftlichen Normen schwankt. Während einer Vorlesung ging er näher auf diesen Konflikt ein, der vor allem die Seele neurotischer Patienten zu einem Schlachtfeld macht, auf dem sich die entgegengesetzten Tendenzen erbittert streiten. Bei zwanglosen Diskussionen gab er sich manchmal viel eher als charmanter Unterhalter und nicht als akademischer Lehrer; er fand dabei immer wieder überzeugende Vergleiche zur Darstellung der seelischen Konflikte, die nur auf den ersten Blick weit hergeholt erschienen. In solchen Fällen erwies er sich als echter Raconteur. Metapher und Gleichnis wurden dann durch kleine Geschichten und Anekdoten ersetzt, die auf witzig-ironische Art dem Zuhörer tiefe Einsichten vermittelten.

Ich erinnere mich an eine Vorlesung, in der er über jene Widersprüche und Probleme sprach, die sich aus den gerechtfertigten gesellschaftlichen Forderungen auf Verzicht gegenüber bestimmten individuellen Wunschbefriedigungen und den starken, biologisch bestimmten Triebbedürfnissen ergeben. Er verdeutlichte diesen Konflikt durch das Erzählen eines »Schildbürgerstreichs«. Die Bürger von Schilda, die schon durch manchen unüberlegten und dümmlichen Streich von sich reden gemacht hatten, kauften ein Pferd, das für die Gemeinde arbeiten sollte. Nach einiger Zeit gelangten aber der Bürgermeister und der Stadtrat zu der Ansicht, daß das Tier viel zu teuer war, weil es zuviel Heu und Hafer verschlang. Also beschnitt man ihm die täglichen Rationen. Das Pferd arbeitete brav weiter für die Gemeinde. Die Bürger jedoch waren mit der Einsparung noch immer nicht zufrieden und kürzten die Ration noch einmal. Da das Pferd ganz offensichtlich noch arbeitsfähig war, wurde sein Futter noch stärker rationiert. Darauf fragten sich die Schildbürger, ob es nicht gänzlich ohne Heu und Hafer auskommen könnte, und sie stellten die Fütterung völlig ein. Am nächsten Tag war das Pferd tot. Ganz sicher, so fuhr FREUD fort, müssen aus gesellschaftlichen Gründen bestimmte sexuelle und aggressive Impulse beschnitten werden, doch die menschliche Natur hat ihrer Verdrängung und Unterdrückung bestimmte Grenzen gesetzt, die nicht überschritten werden dürfen. Wenn der Mensch gesund bleiben will, muß ihm ein bestimmtes Maß an Triebbefriedigung zuteil werden.

FREUD hielt es auch für notwendig, daß dem Patienten die ersten psychoanalytischen Interpretationen nicht völlig unvorbereitet gegeben werden sollten. Der Analytiker hat die Aufgabe, den Patienten durch Erläuterungen auf sie vorzubereiten, ihm also beispielsweise Einsicht in die grundlegenden Widersprüche und Konflikte zwischen dem organisierten und bewußten Ego und dem Unbewußten und Verdrängten zu verschaffen. »Es wäre genauso unsinnig, einem unvorbereiteten Patienten zu erklären, er hätte früher gegenüber der Mutter inzestuöse Wünsche gehegt, wie wenn man dem Mann auf der Straße sagt, er würde alle Dinge auf dem Kopf stehend sehen.«

Bei der Diskussion eines Falles, bei dem der Analytiker dem Patienten auf offensichtlich recht brutale Weise einige sehr unerfreuliche Dinge gesagt hatte, meinte Freud, daß man ein solches Verhalten nicht mehr als aktiv, sondern als aggressiv bezeichnen müßte. Um zu verdeutlichen, wie man den Patienten vor allem zu Beginn einer Analyse behandeln sollte, erzählte er uns die folgende Anekdote: Der Schah von Persien hatte einmal einen Angsttraum und zitierte einen Traumdeuter zu sich, der den Inhalt deuten sollte. Dieser sagte: »Leider, o mein König, werden alle Ihre Verwandten sterben und danach sterben Sie selbst.« Der Schah geriet bei dieser Eröffnung in Zorn und ließ den Traumdeuter enthaupten. Darauf befahl er einen zweiten Traumdeuter herbei. Dieser beglückwünschte ihn: »Heil dir, mein König, Sie werden alle Ihre Verwandten überleben!« Der Schah ließ ihm 100 Goldstücke überreichen.

In Freuds Vergleichen und Formulierungen zeigten sich immer wieder seine praktische Klugheit und sein »gesunder Menschenverstand«. Als er einmal von jemand hörte, er wolle seine Stellung aufgeben, obwohl er keinerlei Aussicht auf eine bessere hatte, sagte er zu ihm: »Solange man nicht sicher ist, frisches Wasser zu bekommen, schüttet man das Schmutzwasser nicht weg.« Während der Diskussion eines Falles vor der *Psychoanalytischen Vereinigung* von Wien stellte sich heraus, daß die Patientin sich fortwährend und sehr detailliert mit ihrer Freundin über die Analyse unterhielt. Freud riet dem jungen Analytiker, er sollte diese Unterhaltungen ganz energisch unterbinden. »Wenn Sie der Patientin gestatten, weiterhin über ihren Fall zu reden, wird sehr viel wichtiges Material verlorengehen. Wenn man einen starken Wasserfall braucht, gräbt man keine Seitenkanäle zu einem Fluß, durch die das Wasser abfließen kann.«

Ich erinnere mich, wie Freud von einem amerikanischen Arzt sprach, der sich in Wien einer psychoanalytischen Behandlung unterziehen wollte. Er behandelte die Analyse aber als eine Art Nebenbeschäftigung und beschäftigte sich primär mit anderen Disziplinen. Freud erklärte, daß im Augenblick die Analyse absolute Priorität besitzen sollte, und fügte hinzu: »In einem solchen Fall läßt sich die Analyse mit dem Gott des Alten Testaments vergleichen; sie duldet keine anderen Götter neben sich.«

Einem jungen Arzt, der sich in einem Brief an FREUD damit brüstete, alle anderen Interessen zugunsten der Psychoanalyse aufgegeben zu haben, erklärte er: »Das ist kein Verdienst: sich der Analyse zuzuwenden, ist Teil des persönlichen Schicksals.«

Er warnte uns auch davor, das Übertragungsverhältnis in Frage zu stellen, solange es keine Formen annahm, die sich dem therapeutischen Fortschritt in den Weg stellten, das heißt, solange es sich nicht selbst als Widerstand bemerkbar machte. »Vergessen Sie nie, daß dies der Wind ist, der unsere Mühlen in Bewegung setzt.«

Während des Ersten Weltkriegs wurde einmal die etwas zweideutige Rolle der Polen diskutiert. FREUD zeigte sich amüsiert, als jemand die Bemerkung machte: »Die Polen verkaufen ihr Land, aber sie liefern nicht.« FREUD kommentierte dies lachend: »Das Ergebnis ist, daß die Polen wahre Patrioten sind!«

Ich erinnere mich, daß er einmal den Stil eines Kollegen, dessen Artikel er gerade gelesen hatte, »geschmacklos wie Matzen« nannte. Wenn er jemand kritisierte, was recht selten vorkam, dann tat er dies auf sehr direkte Weise. Der Autor des *Tagebuch eines Philosophen* und Leiter der *Schule der Weisheit* in Darmstadt, HERMANN VON KEYSERLING, plauderte bei einem Besuch FREUDs recht oberflächlich über die Psychoanalyse. FREUD wies ihn zurecht: »Davon verstehen Sie nichts, Graf!«

In seinen kritischen Bemerkungen über Bücher und Aufsätze legte er sofort den Finger auf die schwachen Stellen, gleichgültig, ob es sich um inhaltliche oder formale Probleme handelte. Er reagierte äußerst empfindlich auf sublime stilistische Besonderheiten, was ihn zu weitgehenden Aussagen nicht nur über die Art der Darstellung, sondern auch über die Persönlichkeit des Urhebers befähigte. Auch verborgene Qualitäten oder Mängel konnten sich seinem scharfen Blick nur selten entziehen. So kritisierte er beispielsweise, daß sich der Wiener Satiriker KARL KRAUS, den er wegen seiner überragenden Intelligenz sehr schätzte, seinem Publikum gegenüber zu herablassend verhielt. Ich erinnere mich, wie er ab und zu eine seiner bissig-witzigen Bemerkungen zitierte, um dann hinzuzufügen, daß KARL KRAUS über bewundernswerte intellektuelle Einsichten verfüge, persönlich aber zu aggressiv und maliziös reagiere.

Ich weiß, daß er von der amerikanischen Mentalität der zwanziger Jahre eine ziemlich geringe Meinung hatte. Er bezeichnete sie als sehr oberflächlich und warf dem Amerikaner vor, sich mit Slogans und Etiketten zufriedenzugeben. Diese Geisteshaltung charakterisierte er einmal als die Heranwachsender, die »einen gedankenlosen Optimismus und leere Aktivitäten« zur Scnau tragen. Er war auch nicht im geringsten von dem damals in den Vereinigten Staaten grassierenden FREUD-Fieber beeindruckt; wiederholt wies er darauf hin, daß der Enthusiasmus amerikanischer Intellektueller für die Psychoanalyse lediglich daher rührte, daß sie die neue Wissenschaft nicht wirklich verstanden. Er erklärte mir, daß die Psychoanalyse in diesem Land – mit ganz wenigen Ausnahmen – keinerlei bemerkenswerten Beitrag zur Tiefenpsychologie hervorgebracht habe.

In deutlichem Gegensatz zur Haltung der *Amerikanischen psychoanalytischen Vereinigung* vertrat er bis zu seinem Tod die Meinung, daß die Psychoanalyse nicht als medizinische, sondern als psychologische Disziplin zu betrachten sei. Bei einem unserer Mittwochabend-Treffen (dabei versammelte sich ein kleiner Kreis ausgewählter Studenten in seinem Haus) stellte ich während einer Diskussion die Behauptung auf, daß die Zukunft der Psychoanalyse im Studium der Geschichte, der Anthropologie und der Sozialwissenschaften liege und daß die analytische Therapie neurotischer und psychotischer Störungen im Jahr 2000 als überholt gelten würde. Zum Erstaunen fast aller Anwesenden – einige sind heute noch am Leben – war FREUD mit mir völlig einer Meinung. Er sagte: »Es gibt keinen Zweifel, daß die Hauptlast der Neurosentherapie bis zu jenem Zeitpunkt durch Methoden getragen wird, die durch neue Erkenntnisse auf dem Gebiet der inneren Sekretionen hervorgebracht wurden. Ich höre bereits die Schritte der Endokrinologie hinter uns, sie wird uns ein- und schließlich überholen. Doch auch dann wird die Psychoanalyse noch wichtige Aufgaben haben. Denn die Endokrinologie wird ein blinder Riese sein, der den Weg nicht kennt, und die Psychoanalyse wird der Zwerg sein, der sie zum Ziel führt.«

Er zeigte mir und meinem Privatleben gegenüber immer ein freundliches Interesse; von sich selbst sprach er dagegen nur sehr selten. Erst nach seinem 70. Geburtstag lockerte sich diese Zurückhaltung, und er sprach etwas freier über sich und sein Privatleben, wobei er mir einige interessante Erinnerungen mitteilte. Ich habe den Eindruck, daß er im Grunde tatsächlich sehr schüchtern war, wogegen er dann durch eine etwas übertriebene Spontaneität anzukämpfen versuchte.

Zu Beginn unserer Bekanntschaft zeigte er sich sehr interessiert, als er hörte, daß ich an einem Buch über FLAUBERTS *Die Versuchung des heiligen Antonius* arbeitete. Er kannte dieses Werk sehr genau und war ein großer Verehrer seines Autors. Kurz nachdem mein Buch im Jahr 1912 veröffentlicht worden war – als erste psychoanalytische Doktorarbeit in Europa –, schlug er mir während eines Spaziergangs vor, eine psychoanalytische Monographie über ZOLA zu schreiben. Er war nicht nur über ZOLAS Eheleben und seine beiden illegitimen Kinder erstaunlich gut informiert, sondern auch über dessen zwanghafte Arbeitsweise, die unter anderem die überaus gründlichen Vorstudien zu seinen Romanen erklärt. FREUD erklärte mir während dieses Gesprächs einige höchst interessante Einzelzüge in ZOLAS zwanghaften Verhaltensweisen. Ich habe es schon oft bedauert, mir damals keine Notizen gemacht zu haben. Erst viel später erkannte ich, daß mein innerer Widerstand gegen diese Monographie seine Hauptursache in der unbewußten Abneigung gegenüber FREUDS Anregung hatte; es war aus der Hand der Vater-Repräsentanz. Seltsamerweise war es wieder FREUD, der mir sehr viel später zu dieser Einsicht verhalf. Er charakterisierte in anderem Kontext die typische Trotz- und Abwehrhaltung des Heranwachsenden gegenüber dem Vater: »Diese unbewußte Abneigung geht so weit, daß der Sohn dem Vater für überhaupt nichts verpflichtet sein will, nicht einmal für sein Leben. Erinnern Sie sich an das immer wiederkehrende Thema der Volksmärchen, in denen ein junger Mann den König aus den Händen von Wegelagerern befreit, die ihn töten wollen? Hinter dieser Verkleidung läßt sich leicht die unbewußte Trotzreaktion des Sohns erkennen, der dem Vater das Leben zurückgeben will, das er ihm verdankt.«

Wenn ich mich in späteren Jahren – so vor allem nach meiner Ankunft in Amerika im Jahr 1938 – entmutigt fühlte, konnte ich mein Selbstbewußtsein dadurch wieder aufrichten, daß ich mich an FREUDS Worte erinnerte, der mir und anderen immer wieder gesagt hatte, welch hohe Erwartungen er in meine zukünftigen Arbeiten setze. Blicke ich jetzt, wo das Ende der Arbeit in Sicht ist, zurück, fühle ich mich beschämt, weil ich diesen Erwartungen nur in so geringem Umfang gerecht zu werden vermochte.

Doch ich weiß, daß ich das Beste getan habe, was ein armer Mann wie Hamlet tun konnte. Ein solcher Blick zurück bestätigt aber auch den Eindruck, welch großes Glück es war, daß ich Freud in meinen frühen zwanziger Jahren begegnete und so lange mit ihm zusammenarbeiten konnte. Es war eine große Zeit, weil ich sie mit einem großen Mann verbringen durfte.

## IV

In dem 1930 verfaßten Vorwort zur hebräischen Ausgabe von *Totem und Tabu* heißt es:

> »Keiner der Leser dieses Buches wird sich so leicht in die Gefühlslage des Autors versetzen können, der die heilige Sprache nicht versteht, der väterlichen Religion – wie jeder anderen – völlig entfremdet ist, an nationalistischen Idealen nicht teilnehmen kann und doch die Zugehörigkeit zu seinem Volk nie verleugnet hat, seine Eigenart als jüdisch empfindet und sie nicht anders wünscht. Fragte man ihn: Was ist an dir noch jüdisch, wenn du alle diese Gemeinsamkeiten mit deinen Volksgenossen aufgegeben hast?, so würde er antworten: Noch sehr viel, wahrscheinlich die Hauptsache. Aber dieses Wesentliche könnte er gegenwärtig nicht in klare Worte fassen. Es wird sicherlich später einmal wissenschaftlicher Einsicht zugänglich sein.« (GW XIV, S. 569)

Der große Psychologe unternahm nie den Versuch, diese vagen und doch so wirksamen emotionalen und mentalen Züge seines Wesens zu explorieren. Doch einige Sätze, die er als Antwort auf eine Rede zu seinem 70. Geburtstag vor der *B'nai B'rith*-Loge von Wien sprach, geben einen Hinweis auf das, was er damit meinte. Auch bei dieser Gelegenheit gab er zu, ein abtrünniger Jude zu sein, und wies zugleich alle Anmaßungen nationaler Überlegenheit als unheilvoll und ungerechtfertigt zurück. Doch dann fügte er hinzu: »Aber es blieb genug anderes übrig, was die Anziehung des Judentums und der Juden unwiderstehlich machte, viele dunkle Gefühlsmächte, umso gewaltiger, je weniger sie sich in Worten erfassen ließen, ebenso wie die klare Bewußtheit der inneren Identität, der Heimlichkeit der gleichen

seelischen Konstruktion.« (GW XVII, S. 51) Er anerkannte
dankbar, daß er seinem Judentum jene beiden unverzichtbaren
Qualitäten verdankte, die seinen schwierigen Weg erst ermög-
lichten. So fühlte er sich als Jude frei von jenen Vorurteilen, die
es anderen Menschen unmöglich machten, sich konsequent ihres
Intellekts zu bedienen; außerdem war er als Jude darauf vorbereitet, in Opposition zu treten und auf die Konformität mit der
»kompakten Mehrheit« zu verzichten. Die Nachwelt erkannte
erst, daß ihn vor allem seine intellektuelle Unabhängigkeit von
der Konvention und die Freiheit seines Denkens befähigten, dieses Werk zu schaffen, »das die Welt erschütterte«. Nur indem er
in seiner *splendid isolation* verharrte und es allein mit einer Armee
von Feinden aufnahm, konnte er seine Forschungen vorantreiben, ungestört und unerschrocken – ein jüdischer Ritter in der
glänzenden Rüstung seiner Integrität und seines Muts, die tief in
seinen innersten Überzeugungen wurzelten.

In der ausgezeichneten Biographie von ERNEST JONES *Das Leben und Werk von Sigmund Freud* ist die Signifikanz des jüdischen Elements in FREUDS Persönlichkeit nicht ausreichend be-
rücksichtigt. Nur zwei kurze Abschnitte des (1.) Bandes
beschäftigen sich mit diesem für FREUDS Entwicklung so wichtigen Aspekt. JONES, der vierzig Jahre lang zum kleinen Kreis von
FREUDS Mitarbeitern zählte, ist nicht nur ein ernsthafter Wissenschaftler und guter Stilist, sondern vor allem ein ehrlicher Mann.
Als einziger Ausländer des intimen Kreises um FREUD konnte er
wohl objektiver berichten als die übrigen Mitglieder. Doch diese
Tatsache hinderte ihn auch daran, das kulturelle Milieu, in das
FREUD hineingeboren wurde, angemessen zu verstehen; das
heißt, ihm blieb auch das jüdische Element in Freuds Persönlichkeit weitgehend verschlossen. Eine Biographie kann nicht jeden
Aspekt einer Person völlig ausloten, so daß dieser kleine Mangel
JONES' Werk insgesamt keineswegs in Frage stellt. Immerhin betont auch JONES, daß FREUD »bis ins Mark jüdisch fühlte und ihm
dies offensichtlich sehr viel bedeutete«. »Ein Nichtjude«, meint
JONES, wobei er auch für sich selbst spricht, »hätte an FREUD nur
wenige offensichtlich jüdische Züge bemerkt; der deutlichste war
wohl seine Vorliebe für das Erzählen jüdischer Witze und Anekdoten.«

Es scheint so, als ob FREUD seinen Sinn für Humor, seine
Skepsis und seine Hochschätzung jüdischen Witzes von seinem

Vater, dem Wollhändler Jakob Freud, geerbt hätte. Dieser hatte die Angewohnheit, eine »Moral« durch das Zitieren jüdischer Sprichwörter oder durch Anekdoten zu verdeutlichen. Jakob Freud wurde von seinem Sohn sehr verehrt, und Sigmund Freud wurde lange, ehe er sich für die psychoanalytische Exploration des Witzes und seine Beziehung zum Unbewußten interessierte, zu einem Erzähler jüdischer Geschichten. Bereits 1897 schreibt er seinem Freund Wilhelm Fliess in Berlin, daß er mit der Sammlung »tiefsinniger jüdischer Geschichten« begonnen habe. Es ist auch nicht ohne Bedeutung, daß dieser Hinweis auf einen Vergleich folgt, der einer dieser Geschichten entstammt. Freud erinnert dabei den Freund daran, daß sie gemeinsam ein großes Forschungsgebiet bearbeiten: »Wir teilen uns wie die beiden Schnorrer, von denen einer die Provinz Posen bekommt; Du das Biologische, ich das Psychische.«

Die Korrespondenz mit Wilhelm Fliess[1] gibt einen ausgezeichneten Eindruck von jener Zeit, in der sich Freud zuerst zögernd, dann immer entschlossener dem neuen Feld der Psychopathologie zuwendet. In diesen recht intimen Briefen spricht Freud sehr offen von privaten und beruflichen Dingen und gewährt zugleich einen Einblick in die Entwicklung seiner jüngsten Forschungsvorhaben. Und immer wieder werden in diese Darstellungen jüdische Anekdoten miteingeflochten. 1897 drückt er die Hoffnung aus, kurz vor grundlegenden neuen Erkenntnissen über die Psychologie der Neurose zu stehen, sofern es seine Konstitution zuläßt. Das ist eine Anspielung auf eine bekannte Anekdote, in der ein bargeldloser Jude sich ohne Fahrkarte in den Zug nach Karlsbad schleicht. Er wird aufgegriffen und an der nächsten Station an die Luft gesetzt. Dieser Vorgang wiederholt sich mehrmals, da der Schwarzfahrer sich immer wieder in den Zug schmuggelt; und von Mal zu Mal springt das Zugpersonal brutaler mit ihm um. An einer der Stationen trifft der Schwarzfahrer nun einen alten Bekannten, der ihn nach seinem Reiseziel fragt, und er antwortet: »Nach Karlsbad, sofern meine Konstitution es zuläßt.« Auch bei der Interpretation von einem seiner Träume spielt Freud wieder auf diese Anekdote an.

Einige weitere Beispiele: In einem Brief an Fliess berichtet Freud, daß sich in seine theoretischen Überlegungen zur Ätio-

[1] Sigmund Freud, Aus den Anfängen der Psychoanalyse 1887–1902, Briefe an Wilhelm Fließ. S. Fischer Verlag, Frankfurt/M. 1962.

logie der Hysterie ein Fehler eingeschlichen habe, so daß er eigentlich allen Grund habe, unzufrieden und deprimiert zu sein: »Die Erwartung des ewigen Nachruhms war so schön und des sicheren Reichtums, die volle Unabhängigkeit, das Reisen, die Hebung der Kinder über die schweren Sorgen, die mich um meine Jugend gebracht haben. Das hing alles daran, ob die Hysterie aufgeht oder nicht. Nun kann ich wieder still und bescheiden bleiben, sorgen, sparen und da fällt mir aus meiner Sammlung die kleine Geschichte ein: Rebekka zieh das Kleid aus, Du bist keine Kalle (Braut) mehr . . .« Ein Jahr später sendet er dem Freund einen Teil seiner Selbstanalyse, der ersten in der Geschichte der Wissenschaft, wozu er bemerkt: »Sie ist ganz dem Unbewußten nachgeschrieben nach dem berühmten Prinzip von Itzig dem Sonntagsreiter. ›Itzig, wohin reit'st Du? – Weiß ich, frag das Pferd.‹«

Kennern von FREUDS Werk, in dessen Darstellungsweise sich seine Persönlichkeit und deren Entwicklungsgeschichte reflektieren, fällt vielleicht auf, daß derselbe Witz dreiundzwanzig Jahre später die Grundlage eines Vergleichs gebildet hat. In *Das Ich und das Es* (1923b) werden diese beiden Persönlichkeitsinstanzen durch das Verhältnis von Reiter und Pferd erklärt. Das Ich repräsentiert dabei Verstand und Vernunft, das Es umfaßt die unbewußten psychischen Impulse. Doch das Bild wird noch ausgeweitet: »Wie dem Reiter, will er sich nicht vom Pferd trennen, oft nichts anderes übrig bleibt, als es dahin zu führen, wohin es gehen will, so pflegt auch das Ich den Willen des Es in Handlung umzusetzen, als ob es der eigene wäre« (GW, XIII, Stud.-Ausg. III, S. 294).

Während der Arbeit an der *Traumdeutung* (1900) machte sich FREUD immer wieder Sorgen über die Wahrung der Diskretion: »Ich hab mir überlegt, daß es mit all den Verkleidungen nicht geht, daß es auch mit dem Verzichten nicht geht, denn ich bin nicht reich genug, den schönsten, den wahrscheinlich einzig überlebenden Fund, den ich gemacht habe, für mich zu behalten. Ich habe mich dann in diesem Dilemma benommen wie der Rabbi in der Geschichte vom Hahn und der Henne. Kennst Du sie? Ein Ehepaar, das einen Hahn und eine Henne besitzt, beschließt, sich zu den Feiertagen einen Hühnerbraten zu gönnen, kann sich aber zur Wahl des Opfers nicht entschließen und wendet sich darum an den Rabbi. ›Rebbe, was sollen wir tun, wir haben nur einen Hahn und eine Henne. Wenn wir den Hahn schlachten, wird sich die Henne kränken, und wenn wir die Henne schlachten, wird sich der Hahn kränken. Wir wollen aber Huhn essen zum Feiertag; Rebbe, was sollen wir tun?‹ Der Rabbi: ›So schlacht's den Hahn.‹ – ›Da wird sich doch die Henne kränken.‹ – ›Ja, das ist wahr, also schlacht's die Henne.‹ – ›Aber Rebbe, dann kränkt sich ja der Hahn.‹ – ›Loss er sich kränken!!‹« 1899 ist die *Traumdeutung* im Manuskript abgeschlossen. FREUD schreibt an FLIESS: »Morgen gebe ich die ersten Bogen in Druck; vielleicht gefällt es anderen besser als mir. ›Mir gefällt sie nicht‹, könnte man Onkel Jonas variieren.« Er spielt damit auf einen bekannten Witz an, in dem der Neffe Onkel Jonas gratuliert, weil er von dessen Verlobung gehört hat. »Und wie ist denn Deine Braut, Onkel?« Der Onkel erwidert: »Geschmackssache, mir gefällt sie nicht!«

Veröffentlicht wurde dieses monumentale Werk über die Deutung von Träumen im Jahr 1900. Fünf Jahre später erschien dann die Arbeit *Der Witz und seine Beziehung zum Unbewußten*, deren psychologische Bedeutung bis heute keineswegs voll erkannt wurde. Für seine analytischen Explorationen greift FREUD dabei immer wieder auf jüdische Witze und Anekdoten zurück. Hier finden sich Geschichten von Schadchen und Schnorrern, Rabbis und Laien, armen und reichen Juden; zynische, skeptische und intellektuell-spitzfindige Witze wechseln sich ab. Der Leser spürt sofort, daß der Autor mit ihnen seit seiner Kindheit vertraut ist und sie liebt. Man findet subtile und plumpe, pessimistische und hoffnungsfrohe Beispiele echten jüdischen Humors neben Witzen, die ihren Ursprung im Allgemein-Menschlichen haben und lediglich mit jüdischen Zutaten versehen wurden.

In scharfem Gegensatz zu vielen vorausgegangenen Versuchen, jüdischen Humor zu interpretieren und einzuordnen, untersucht FREUD seine Beispiele ausschließlich unter psychologischen Gesichtspunkten. Er dringt hinter die Fassade dieser köstlichen kleinen Geschichten, analysiert ihre Techniken und interpretiert ihre Absichten und Methoden, wodurch es ihm gelingt, ihre emotionalen Wurzeln zu enthüllen. Bei seiner psychoanalytischen Interpretation durchleuchtet er die geheimsten Winkel ihres Wesens. Indem er vorsichtig Schicht um Schicht abträgt, zeigt er ihre eigentlichen Tendenzen, ihren sozialen und individuellen Skeptizismus, ihre Lebensweisheit und ihre Hintergründigkeit. Durch sein unvergleichliches psychologisches Einfühlungsvermögen und die völlige Eigenständigkeit seines Denkens gewinnt er eine absolut neue Perspektive, unter der der jüdische Witz nicht nur seine nationalen, religiösen und sozialen Prämissen, sondern auch seine allgemein-menschlichen Ausgangspunkte und Absichten enthüllt. Die Eigentümlichkeit des jüdischen Witzes faßt er auf folgende Weise zusammen: »Ein für den tendenziösen Witz besonders günstiger Fall wird hergestellt, wenn die beabsichtigte Kritik der Auflehnung sich gegen die eigene Person richtet, vorsichtiger ausgedrückt, eine Person, an der die eigene Anteil hat, eine Sammelperson also, das eigene Volk zum Beispiel. Diese Bedingung der Selbstkritik mag uns erklären, daß gerade auf dem Boden des jüdischen Volkslebens eine Anzahl der trefflichsten Witze erwachsen sind, von denen wir ja hier reichliche Proben gegeben haben. Es sind Geschichten, die von Juden geschaffen und gegen jüdische Eigentümlichkeiten gerichtet sind. Die Witze, die von Fremden über Juden gemacht werden, sind zu allermeist brutale Schwänke, in denen der Witz durch die Tatsache erspart wird, daß der Jude den Fremden als komische Figur gilt. Auch die Judenwitze, die von Juden herrühren, geben dies zu, aber sie kennen die wirklichen Fehler wie deren Zusammenhang mit ihren Vorzügen, und der Anteil der eigenen Person an dem zu Tadelnden schafft die sonst schwierig herzustellende subjektive Bedingung der Witzarbeit. Ich weiß übrigens nicht, ob es sonst noch häufig vorkommt, daß sich ein Volk in solchem Ausmaß über sein eigenes Wesen lustig macht.«

Bei einer Unterhaltung mit mir teilte FREUD die Ansicht, daß der selbstironische und nicht selten auch selbst-degradierende Charakter des jüdischen Humors psychologisch nur unter der Prämisse einer unbewußten bzw. vorbewußten Überzeugung der eigenen Überlegenheit möglich und insofern als heimlicher Ausdruck des Nationalstolzes zu betrachten sei. Nur wer erhöht steht, kann herunterspringen; nur ein stolzer Mann kann sich selbst erniedrigen und lächerlich machen.

Während meiner dreißigjährigen Freundschaft mit FREUD hörte ich ihn natürlich häufig eine jüdische Anekdote erzählen oder eine witzige Bemerkung zitieren; doch das geschah nie um ihrer selbst willen, nie zur bloßen Erheiterung. Meist sollten diese komischen kleinen Geschichten dazu dienen, seine Ausführungen zu verdeutlichen; er zog sie als Vergleich zu bestimmten Situationen oder Verhaltensweisen heran oder benützte sie als Beispiele für allgemein-menschliche Erfahrungen. Es schien mir häufig, als ob er ein Beispiel dafür geben wollte, wie sich eine tiefe Einsicht Ausdruck in Form eines Witzes verschafft, oder auch – was seltener der Fall ist – auf welche Weise sich aus einem Witz solche Einsichten gewinnen lassen. In der Mehrzahl der Fälle, an die ich mich erinnern kann, erzählte er Geschichten dieser Art bei Diskussionen über private, berufliche oder auch wissenschaftliche Probleme. Einige davon zogen Vergleiche zwischen aktuellen Situationen und verschiedenen Aspekten aus der Leidensgeschichte der Juden. Immer wenn es galt, etwas völlig klar zu machen, förderte er aus seinem fast fotografisch getreuen Gedächtnis eine dieser lustigen jüdischen Geschichten zutage. Nur in seltenen Fällen traten kritische bzw. satirische Tendenzen an die Stelle der erklärenden bzw. vergleichenden Absicht, um die Beschränktheit und Heuchelei seiner Gegner lächerlich zu machen.

Es ist bedauerlich, daß die von FREUD in diesem klassischen Werk enthüllten verborgenen Bedeutungen und Tendenzen des jüdischen Witzes in der psychoanalytischen Literatur nicht weiter erforscht wurden. Nur wenige Psychologen erkannten, welche Konsequenzen Untersuchungen dieser Art auch für andere psychische Bereiche haben könnten. Noch während FREUDS Lebenszeit veröffentlichte ich mehrere Aufsätze über den jüdischen Humor, in denen ich nicht nur seine Erkenntnisse zusammenfaßte, sondern auch einige zusätzliche Charakteristika des jüdischen Witzes herausstellte. In einer Unterhaltung mit mir anerkannte FREUD, daß ich zwei Züge entdeckt hatte, die seiner Aufmerksamkeit entgangen waren: »Wir lachen wohl über diese Geschichten, doch der jüdische Witz ist in seiner Grundhaltung keineswegs lustig. Es ist eine Art von Humor, die traurig macht. Ein weises jüdisches Sprichwort sagt: ›Auch Leiden läßt lachen.‹ Ein weiterer charakteristischer Zug des jüdischen Witzes liegt in seiner emotionalen Intimität, einer ganz besonderen Atmosphäre, in der er geboren und groß wird.«

Hier sind einige Beispiele, an denen sich erkennen läßt, bei welchen Gelegenheiten sich FREUD an eine dieser jüdischen Geschichten erinnerte und auf welche besondere Weise er sie verwendete. Ich unterhielt mich einmal mit ihm über den Fall eines

Patienten, den er zur psychoanalytischen Behandlung an mich überwiesen hatte. Der junge Mann litt an einer Zwangsneurose, die sich in der besonderen Form einer Syphilophobie äußerte, also der Furcht vor einer Infektion durch die Syphilis-Spirochäte. Er hatte ein kompliziertes System von Abwehrmaßnahmen entwickelt, um sich vor einer solchen Ansteckung zu schützen. So weigerte er sich beispielsweise auf einem Stuhl Platz zu nehmen, auf dem zuvor eine Person gesessen hatte, die vielleicht mit einer anderen bekannt war, die er in Verdacht hatte, an Syphilis zu leiden. In einem Fall erfuhr der Patient, daß seine Eltern in ihrem Auto einen Mann zum Theater mitgenommen hatten, der der Onkel einer syphilisverdächtigen Person war. Der Patient weigerte sich von da an hartnäckig, in das Auto seiner Eltern zu steigen. Er wies auf die Möglichkeit einer durch Berührung hervorgerufenen Ansteckung hin und verlangte von ihnen, daß sie ihm ein neues Auto kauften. Wir diskutierten die sekundären Krankheitsgewinne dieser Neurose, das sind die verschiedenen Vorteile, die der Patient aufgrund seines Leidens genießt, wozu Freud die folgende Anekdote erzählte: Ein Mann in einem Asyl für Geisteskranke weist das normale Essen zurück und verlangt koschere Speisen. Da er leidenschaftlich darauf besteht, bekommt er schließlich nur noch Speisen, die nach den jüdischen Reinheitsgesetzen zubereitet sind. Am darauffolgenden Sabbat sieht man ihn gemütlich eine Zigarre rauchen. Der Arzt weist ihn entrüstet darauf hin, daß es sich für einen gläubigen Juden, der streng die Speisegesetze einhält, nicht schickt, am Sabbat zu rauchen. Der Patient erwidert: »Wozu bin ich sonst meschugge?« Ich habe diese kleine Geschichte danach häufig auch meinen Patienten erzählt, um ihnen zu verdeutlichen, auf welche Weise ihnen ihre Neurose zu Sekundärkompensationen in Form von Aufmerksamkeit, Liebe und auch finanzieller Unterstützung von anderen verhilft.

Ich erinnere mich auch noch an den Anlaß, zu dem Freud die folgenden Bemerkungen über Moses machte, denn dies war das erste Mal, daß er auf die Möglichkeit der ägyptischen Herkunft des großen jüdischen Führers hinwies – ein Thema, dem er sich viele Jahre später in *Der Mann Moses und die monotheistische Religion* wieder zuwandte. Wir sprachen über die typischen Formen, in denen die Geburt des Helden in den Mythen der verschiedenen Kulturkreise abgehandelt wird, ein Thema, das Otto

Rank in seinem berühmten Werk *Der Mythos von der Geburt des Helden* später ausführlicher analysiert und dargestellt hat. Freud machte mich auf einen Zug aufmerksam, der regelmäßig in diesen Mythen zu beobachten ist: die Geburt des Helden aus dem Wasser eines Sees oder Flusses. Er interpretierte dies als symbolische Darstellung des Geburtsprozesses, als archaischen Versuch, die Situation des Embryo im Mutterleib zu verdeutlichen, der dort von der Amnionflüssigkeit umgeben ist. Er wies in diesem Zusammenhang auch auf die vielen Geschichten hin, in denen die Babys von Störchen aus dem Wasser geholt und den Müttern gebracht werden. An diesem Punkt kehrte er zur Geburtslegende des Moses zurück und erzählte dazu die folgende kleine Geschichte: Itzig wurde in der Schule gefragt: »Wer war Moses?« Er antwortet: »Moses war der Sohn einer ägyptischen Prinzessin.« »Falsch«, sagt der Lehrer, »Moses war der Sohn einer hebräischen Mutter, die ägyptische Prinzessin fand ihn in einem Korb am Ufer des Nils.« Darauf Itzig: »Sagt sie!«

Während des Psychoanalytischen Kongresses 1913 in München (mein Gott, ist das tatsächlich schon vierzig Jahre her?) erzählte Freud mir eine weitere dieser kleinen jüdischen Geschichten. Sie wurde durch den wissenschaftlichen Konflikt mit C. G. Jung stimuliert, der bei diesem Kongreß offen zum Ausbruch kam. Es hatte sich bereits seit einiger Zeit angedeutet, daß Jung und seine Anhänger von den wesentlichen Erkenntnissen der Psychoanalyse zugunsten eines »höheren« Prinzips wieder abrückten und zuvor anerkannte Entdeckungen Freuds jetzt um- und mißinterpretierten. Sie wollten als Psychoanalytiker verstanden werden, obwohl sie das Konzept der Libido, als der im Sexualtrieb wurzelnden Energie, zugunsten einer vagen allgemeinen »psychischen Energie« aufgegeben und anstelle des Kampfes zwischen der Ego- und der Triebsphäre, den die Psychoanalyse für das Entstehen der Neurosen und anderer Störungen verantwortlich macht, eine Auseinandersetzung zwischen »appetitus« und Trägheit gesetzt hatten. Freud sprach damals mit mir über Jungs Mißachtung der zentralen Stellung der Sexualität für die Ätiologie der Neurosen. Schon zuvor hatte er einmal erwähnt, daß dessen theologische Bindungen und Vorstellungen für die Leugnung der entscheidenden Rolle der sexuellen Impulse große Bedeutung hatten. Diese Haltung und vielleicht auch einige antisemitische Äußerungen, die Jung früher gemacht hatte, riefen FREUD wahrscheinlich die folgende Geschichte wieder ins Gedächtnis: Ein Rabbi und ein Pfarrer wollen eine gemeinsame Religion gründen. Sie sind bereit, dazu bestimmte Kompromisse und Konzessionen zu machen. Der Pfarrer stellt seine erste Forderung: »Anstelle des Samstags muß in Zukunft der Sonntag geheiligt werden.« Der Rabbi stimmt zu. »Anstelle des Hebräischen muß das Lateinische Gottesdienst-sprache werden.« »Gut«, stimmt der Rabbi zu. Der Pfarrer stellt immer neue Bedingungen, um gottesdienstliche und theologi-sche Fragen in seinem Sinne zu regeln. Der Rabbi stimmt in allem zu. Schließlich fragt der Priester: »Und welche Bedingungen haben Sie?« »Ich habe nur eine«, antwortet der Rabbi. »Jesus Chri-stus muß radikal ausgemerzt werden.« Die Bedeutung ist klar: alle von dem Priester geforderten Konzessionen betrafen lediglich unbedeutende Äußerlichkeiten, in denen sich das Christen-tum vom Judentum unterscheidet. Wird jedoch Jesus Christus »radikal ausgemerzt«, bleibt nichts mehr als das Judentum. FREUD sah in JUNGS Vorgehen eine Parallele zum Verhalten des Rabbi. Denn dieser versuchte, der Sexualität die zentrale Stellung im Rahmen der Psychoanalyse abzusprechen, wodurch die neue Wissenschaft wieder auf die Vorstellungen der traditionellen Psychiatrie zurückfiel.

Hier ist ein weiteres Beispiel dafür, wie FREUD in Zusammen-hang mit der Erörterung eines wissenschaftlichen Problems sich an eine dieser jüdischen Geschichten erinnerte. Wie immer ge-lang es ihm, dadurch bestimmte Verhaltens- und Vorstellungs-weisen treffend zu charakterisieren. Wir sprachen von einer Gruppe neurotischer Fälle, in deren Symptomatologie sich Triebmanifestationen mit Ausdrucksformen unbewußter Schuldgefühle vermischen. FREUD wies darauf hin, daß sich eine solche *entente cordiale* zwischen den Forderungen der Triebe und den Kräften des Bewußtseins häufig in der Psychologie ma-sochistischer und obsessiver Charaktere beobachten läßt. Er er-zählte mir von einem Fall, in dem eine übermächtig eigensüchtige Tendenz, die bewußt war, in den Vordergrund geschoben wurde, um dadurch ein intensives unbewußtes Bedürfnis nach Sühne und Bestrafung zu verbergen. »Erinnern Sie sich an die Anekdote von Jakob in der Synagoge am Yom-Kippur-Tag?« fragte mich FREUD. Der Ausgangspunkt dieser Anekdote beruht darauf, daß an diesem Feiertag die Sitze in der Synagoge bezahlt werden müssen, was armen Juden häufig nicht möglich ist. Jakob versucht nun den Küster, der an der Tür Wache hält, zu überreden, ihn einzulassen, weil er Herrn Eisenstein eine wichtige geschäftliche Nachricht zu überbringen hätte. Doch der Küster bleibt bei seiner Ablehnung: »Ich kenne dich, du Gonnif (Halunke)! Du willst nur hinein, um zu daven (zu beten)!«

Bei einer anderen Gelegenheit interpretierte FREUD ein Beispiel jüdischen Humors unter einem völlig neuen Gesichtspunkt; in seinem Buch über den Witz findet sich diese Perspektive noch nicht. Ich erzählte ihm eine komische kleine Geschichte, die ich in Wien gehört hatte. Mitten in der Nacht wird der Hausmeister der spanischen Botschaft in Wien durch das wiederholte Läuten der Hausglocke aufgeweckt. Als er schließlich öffnet, steht er zwei elegant gekleideten, würdigen Herren gegenüber, die immer wieder den Satz wiederholen: »Wir syn zwa spanische Granden.« Der Wiener ist höchst erstaunt darüber, aus ihrem Mund dieses unmißverständliche Jiddisch zu hören, begreift aber schließlich, daß die beiden dringend zum Botschafter geführt zu werden wünschen, da sie ihm eine wichtige Nachricht aus Spanien überbringen sollen. Als der Botschafter endlich erscheint, begrüßt er die beiden Herren mit großem Respekt: es sind tatsächlich zwei hohe spanische Edelleute, die der König zu ihm gesandt hat. Der Hausmeister hört, wie sie sich in reinstem Kastilianisch mit dem Botschafter unterhalten. Er erfährt dann, daß die beiden Edelleute, die kein Deutsch können, im Expreß von Madrid nach Wien einem polnischen Juden begegnet sind, den sie um Rat fragten. Sie gaben ihm zu verstehen, daß sie mitten in der Nacht in Wien ankommen würden und nicht wüßten, wie sie sich verständlich machen sollten. Darauf schärfte er ihnen den oben zitierten jiddischen Vorstellungssatz ein.

FREUD amüsierte sich sehr über diese kleine Geschichte und unterzog sie sogar einer analytischen Interpretation. Er kam dabei zu dem Schluß, daß zwischen den spanischen Granden und dem polnischen Juden eine ganz intime Beziehung bestanden haben mußte. Seiner Meinung nach wurde die verborgene Bedeutung dieser Anekdote sichtbar, wenn man annahm, daß auch die beiden Granden Juden waren. Diese Annahme ließ sich ohne weiteres durch einen Blick auf die Geschichte der spanischen und portugiesischen Juden bekräftigen. Es gab eine lange historische Phase, während der Juden dem König von Spanien in höchsten

Stellungen dienten und von ihm dafür in den Adelsstand erhoben wurden. So spielten beispielsweise die Maranos, getaufte Juden, eine sehr bedeutsame Rolle am spanischen Hof. Unter dieser historischen Perspektive enthüllt sich nun die verborgene Bedeutung dieser Geschichte: zwischen den spanischen Granden und dem polnischen Juden besteht eine unsichtbare Verbindung, eine intime Verwandtschaft, gegründet auf gemeinsame Vorfahren und Traditionen, denn die ersten gehören zu den Sephardim, der zweite zu den Aschkenasim. Deshalb ist es gar nicht verwunderlich, daß der Wiener Hausmeister zuerst die beiden spanischen Granden für Juden hielt.

In seinen analytischen Bemühungen um das Wesen des jüdischen Witzes verfolgte FREUD immer wieder den Weg zurück von der Komik ins Elend, vom Lustigen ins Schicksalhafte. Er zeigt uns dabei den ungebrochenen Lebensgeist, den Stolz und die Würde dieses Volkes, denn auch vom Lächerlichen zum Erhabenen ist es nur ein Schritt.

V

Die folgenden drei Essays beschäftigen sich kritisch mit drei Arbeiten Freuds, die zwischen 1927 und 1930 verfaßt wurden. Ich habe solche Arbeiten ausgesucht, die FREUD selbst in Briefen und Unterhaltungen kommentierte. Meine Essays beruhen auf Vorlesungen, die ich während jener Jahre vor den *Psychoanalytischen Vereinigungen* von Wien und Berlin hielt.

Ich will hier keineswegs den Versuch machen, Freuds Arbeit *Die Zukunft einer Illusion* insgesamt zu besprechen, sondern gebe lediglich eine Interpretation ihrer zentralen Themen. Da ich es für wenig sinnvoll halte, die darin enthaltenen Vorstellungen FREUDS zu wiederholen, wird meine Darstellung eine Art ›Begleitung‹ zu seiner ›Grundmelodie‹ sein.

Schaut man sich FREUDS Essay genauer an, erkennt man die deutliche Dreiteilung seines Aufbaus. Im ersten Hauptabschnitt beschäftigt er sich mit der gegenwärtigen kulturellen Lage, im zweiten diskutiert er die religiöse Problematik und im dritten entwirft er das Bild einer zukünftigen Menschheitskultur. Es drängt sich der Eindruck auf, daß der erste Teil ursprünglich den Hauptakzent tragen sollte und daß FREUD wahrscheinlich die

Absicht hatte, ihn weiterzuführen. Eine bestimmte Passage dieses Teils scheint diese Vermutung zu bestätigen. Die Komposition dieses ersten Teils ist in jeder Hinsicht bewundernswert. Der Autor geht von allgemeinen kulturellen Problemen aus, um sich schließlich auf einen zentralen Punkt zu konzentrieren. Die Einzelheiten werden vom Autor kunstvoll und zugleich mit großer Natürlichkeit so gruppiert, daß seine Hauptanliegen dem Leser plastisch vor Augen treten. In einer eloquenten Ouvertüre spricht er von der der Versuchung, »den Blick nach der anderen Richtung zu wenden und die Frage zu stellen, welches fernere Schicksal dieser Kultur bevorsteht und welche Wandlungen durchzumachen ihr bestimmt ist« (GW XIV, S. 325). Darauf beschäftigt er sich mit der allgemeinen kulturellen Situation, die er primär unter psychologischen Aspekten beschreibt. Er weist auf die Grundvoraussetzungen jeder Kultur hin, die Auswirkungen auf die psychische Struktur des Individuums haben. Kulturelle Normen und Verbote fordern von ihm Anpassung und Triebverzicht. Die Kultur hat jedoch auch die Aufgabe, »die Last der den Menschen auferlegten Triebopfer zu verringern, sie mit den notwendig verbleibenden zu versöhnen und dafür zu entschädigen« (a.a.O., S. 328). Am Ende dieses ersten Hauptabschnitts weist FREUD dann auf »das vielleicht bedeutsamste Stück des psychischen Inventars einer Kultur« hin, auf ihre »im weitesten Sinn religiösen Vorstellungen, mit anderen später zu rechtfertigenden Worten, ihre Illusionen« (a.a.O., S. 335). Wenn wir den gesamten Essay als eine Symphonie betrachten wollen, dann stellt diese Einleitung den ersten Satz dar, in dem unter umfassender psychologischer Perspektive der gegenwärtige Zustand der Kultur geschildert wird. Die tiefen Einblicke des Autors und die große Klarheit der Darstellung lassen uns wie in einem Querschnitt die einzelnen kulturellen Schichtungen erkennen. Wenn *Totem und Tabu* eine analytische Exploration der dunklen Ursprünge unserer gesellschaftlichen Institutionen war, dann werden hier diese Institutionen selbst charakterisiert.

Vielleicht wird die Zukunft einmal aufgrund dieses zugleich genauen und transparenten Porträts unserer Kultur diesen Essay FREUDS als seinen bedeutendsten beurteilen. Ein solches Urteil wird sich bestimmt nicht auf die darin ebenfalls enthaltene Diskussion religiöser Probleme stützen, denn diese werden dann keine mehr sein. Mögen sich also die zeitgenössischen Kritiker ruhig mit ihnen herumschlagen – wir können uns eine weiterreichende Perspektive leisten und behaupten deshalb noch einmal, ungerührt durch die heftigen Einsprüche von Analytikern und Nichtanalytikern, daß diese Einleitung und nicht Freuds Stellungnahme zu religiösen Themen den Wert dieses Aufsatzes ausmacht.

Es zeigt sich darin eine gewisse Analogie zu der vorausgegangenen Arbeit über die Problematik der Laienanalyse. Worin liegt deren spezieller Wert? Was wird von ihr nach zwanzig oder fünfzig Jahren noch als wichtig betrachtet werden? Wird es Freuds Stellungnahme zu der im Titel angesprochenen Problematik sein? Sehr wahrscheinlich nicht. Vielmehr dürfte ihr Hauptwert für die Zukunft in der konzentrierten Darstellung des Wesens der Analyse bestehen, wie sie in dieser Klarheit zuvor nie erreicht wurde. Hier ist es dem Autor gelungen, alles in diesem Zusammenhang Wichtige genau und präzis dem Leser verständlich zu machen.

Im Hauptteil des Aufsatzes *Die Zukunft einer Illusion* (1927) wird »der besondere Wert der religiösen Vorstellungen« untersucht. Es findet sich darin nichts, was nicht schon aus anderen Arbeiten Freuds bekannt wäre. Selbst die Rolle der Hilflosigkeit des Kleinkinds für die Genese der Religion ist nicht neu; sie findet sich bereits in der vorausgegangenen Arbeit über Leonardo da Vinci.

Daran schließt sich ein ›Dialog‹ an, der alle jene Qualitäten aufweist, die ein persönliches Gespräch mit Freud auszeichneten. Der Autor führt einen ›Gegner‹ ein, der seine Ausführungen mit Mißtrauen verfolgen soll. Auch dieser ›Gegner‹ ist uns nicht fremd, da er schon in früheren Essays von Freud aufgetreten ist. Er wurde nicht immer auf dieselbe Weise personifiziert, doch er war zumindest indirekt in vielen Arbeiten vorhanden. Denn Freud nahm schon immer in seiner Darstellung mögliche Einwände vorweg, berücksichtigte Kritik und Widerspruch seiner Leser, indem er Gegenargumente formulierte. Diese Einbeziehung möglicher Einwände und Widersprüche gibt uns einen Hinweis auf die stark ausgeprägte Selbstkritik des Autors.

Wenn man sich den ›Gegner‹ etwas näher anschaut, fällt auf, daß Freud ihn in diesem Fall ziemlich chevaleresk behandelt hat. Er ist, wie in anderen Arbeiten auch, ein kultivierter Intellektueller mit hohen moralischen Ansprüchen; er läßt sich durch vernünftige Argumente beeindrucken, verhält sich aber auch emotionalen Regungen gegenüber tolerant. Dieser Gegner bekommt jedoch vom Autor nicht sehr überzeugende Einwände und Zweifel in den Mund gelegt. Man könnte FREUD vorwerfen, sich keinen realistischeren Kritiker ausgesucht zu haben, vielleicht sogar einen seiner tatsächlichen Opponenten. Ich könnte mir vorstellen, daß es einer jener subtilen katholischen Priester sein könnte, mit denen zu diskutieren eine große Freude ist. Es gibt darunter Männer mit großer Lebensweisheit und beträchtlicher intellektueller Schärfe, Schüler jener strengen Logik, deren Ahnherr THOMAS VON AQUIN ist.

Es gibt einen Punkt in der Diskussion, an dem sich zwischen den Opponenten die Kluft zu schließen scheint. FREUD meint dort, daß ihre gegensätzlichen Positionen keineswegs unversöhnlich seien, da sie durch die Zeit schließlich aufgehoben würden. Mit einem dogmatischen Priester wäre es natürlich nie möglich, zu einer solchen Schlußfolgerung zu kommen. Eine Diskussion mit einem solchen Gesprächspartner würde damit enden, daß sich die Gegner im Streit voneinander trennen. Vielleicht hatte sich FREUD also ganz bewußt einen kultivierten und nicht dogmatisch argumentierenden ›Gegner‹ ausgesucht, um einen solchen Eklat zu vermeiden.

Doch selbst wenn man den von FREUD ausgesuchten ›Gegner‹ zu akzeptieren versucht, hätte die Diskussion eigentlich eine andere Wendung nehmen sollen. Die Haltung des zeitgenössischen Intellektuellen gegenüber der Religion ist unaufrichtig und kann durch Diskussionen nicht geklärt bzw. deutlich gemacht werden. Die gebildete Schicht der Menschheit, genauer: die intellektuelle Oberklasse, nimmt gegenüber ihren religiösen Bedürfnissen dieselbe verschämte und ausweichende Haltung ein wie gegenüber den sexuellen und ökonomischen. Tatsächlich lassen sich diese Bedürfnisse auf religiösem Gebiet noch schwerer herausfinden und definieren. Der Gläubige und der Atheist sind häufig nicht so weit voneinander entfernt, wie es scheinen mag. Denn ihre Haltung wird vor allem durch Unaufrichtigkeit charakterisiert. Der Religiöse glaubt einfach und erspart sich jedes tiefere Nachdenken über seinen Glauben. Der Atheist reflektiert auf der anderen Seite über seinen Unglauben auch nur in sehr beschränktem Umfang, da er dazu neigt, über nichts gründlich nachzudenken. Diese zwiespältige Haltung der Religion gegenüber ließe sich dahingehend zusammenfassen, daß man sagt: die meisten Gebildeten glauben nicht mehr an Gott, aber sie fürchten ihn. Obwohl die Wissenschaft Gott für tot erklärt hat, lebt er im ›Untergrund‹ weiter. Und hier müßte die wissenschaftliche Analyse ansetzen. Der Leichnam sollte exhumiert werden, so daß sich entscheiden läßt, ob Gott wirklich tot ist. Denn zweifellos können ein zur Schau getragener ›offizieller Unglaube‹ und ein verdrängter ›unoffizieller Glaube‹ bequem nebeneinander existieren.

Diese unbewußte Unaufrichtigkeit in bezug auf die Religion hätte natürlich den Verlauf der Diskussion geändert. Der ›Gegner‹ würde wahrscheinlich den meisten Argumenten und Beispielen Freuds zustimmen, nachdem er sich selbst zum Atheisten erklärt hätte, unbewußt jedoch weiter an den gerade geleugneten Glaubensinhalten festhalten. Da er nach außen die Meinung des Gesprächspartners teilt, wäre die Auseinandersetzung mit ihm besonders schwierig. Eine Analogie dazu findet sich im Verhalten vieler Zwangsneurotiker, die die Ergebnisse der Analyse voll akzeptieren, sich aber weiterhin an ihre Krankheit klammern.

Freud versichert, daß er diese seine Arbeit als völlig »harmlos« ansieht. Trotzdem ist seiner Meinung nach mit heftigen Reaktionen zu rechnen, die zu allgemeinen Angriffen auf die Psychoanalyse führen könnten. Seit dem Erscheinen von *Die Zukunft einer Illusion* habe ich viele Einwände gehört, wovon allerdings keiner von einem wirklich gläubigen Standpunkt ausging. Ich bin darauf vorbereitet, sie alle zurückzuweisen, da sie keinerlei Problem darstellt, da sie in sich widersprüchlich sind. Der erste Einwand beruht auf der Behauptung, daß die Religion für unsere Zeit keinerlei Bedeutung mehr habe und daß Freud deren Bedeutung für das Seelenleben des Menschen überschätze. Damit bin ich keineswegs einverstanden, denn die Bedeutung der Religion für die Psyche ist keineswegs ausreichend erforscht und analysiert. Weiter wird behauptet, Freud argumentiere ganz im Geist des 18. Jahrhunderts; seine Beweisführung schließe sich voll der Tradition der Aufklärung an, nichts davon ließe eine neue Perspektive erkennen. Man sollte beachten, daß hier die Psychoanalyse ausnahmsweise einmal wegen mangelnder Originalität angegriffen wird. O quae mutatio rerum![1]

[1] [übers.:] Oh, wie haben sich die Dinge verändert!

FREUD selbst entkräftet diesen Einwand durch den Hinweis auf jene »besseren Männer«, die dies alles »viel vollständiger, kraftvoller und eindrucksvoller vor mir gesagt haben«. Trotzdem kann dieser Einwand nicht zum Schweigen gebracht werden. Doch welcher Unterschied liegt zwischen VOLTAIRES »Ecrasez l'infâme!«[1] sowie den übrigen unerbittlichen rationalen Parolen der Enzyklopädisten und der gelassen-objektiven Argumentation FREUDS. Und wo läßt sich im übrigen in der Aufklärungsliteratur eine Untersuchung der psychologischen Wurzeln der religiösen Ideen finden? Wo findet sich eine analytische Erklärung für sie, wo eine Entlarvung ihrer allgemein-menschlichen Bedeutungen?

Wie der erste wird auch der zweite Einwand von Menschen vorgebracht, die nach außen mit FREUDS religiösen Vorstellungen übereinstimmen. Sie akzeptieren zuerst seine Darlegungen, um dann plötzlich auf den metaphysischen Gehalt der Religion hinzuweisen. Sie bestehen darauf, daß sie transzendentale Wahrheiten in symbolischer Form darbiete, daß sie Ausdruck des Absoluten sei.

Doch mit einem solchen Argument kommen durch die Hintertür wieder Dinge in die Diskussion, die man vorne gerade hinausgeworfen hatte. Denn was hier verschämt als das transzendentale Absolute erscheint, ist nichts anderes als verkleidete, kastrierte und intellektualisierte Religion, zu der man sich nicht mehr offen zu bekennen traut. Es ist außerdem sehr leicht, Behauptungen über das Absolute aufzustellen, da sie ihrer Natur nach weder Beweise verlangen noch zulassen. Einwände dieser Art machen sich ganz einfach alles zunutze, was man je über das Transzendentale in Erfahrung bringen konnte; und das ist nichts.

Ein dritter Einwand kommt von Kritikern, die FREUD zuerst

---

[1] [übertragen:] »Zermalmt werde der Aberglaube!« Der Ausdruck findet sich zum ersten Male im Briefwechsel zwischen FRIEDRICH DEM GROSSEN und VOLTAIRE in einem Briefe, den der König am 18. Mai 1759 aus Landshut an VOLTAIRE richtete, und zuletzt in einem Brief VOLTAIRES vom 27. Januar 1768 an DAMILAVILLE. Aus sämtlichen Stellen geht hervor, daß *infâme* als weibliches Eigenschaftswort zu denken ist, zu welchem man daher ein entsprechendes Hauptwort zu ergänzen hat. VOLTAIRE wünschte, daß das zu ergänzende Hauptwort *superstition* (Aberglaube) sein sollte, was sich aus vielen seiner Briefe ergibt. VOLTAIRE meinte mit »Aberglauben« die Kirche (nicht die Religion). Nach GEORG BÜCHMANN, *Geflügelte Worte*, Fischer Verlag, 1965, S. 124/125.

Logik konzedieren, ihn dann aber angreifen, weil er Erkenntnisse der Individualanalyse auf kollektive psychische Prozesse überträgt. Dieses methodologische Problem wurde von den Psychoanalytikern schon häufig diskutiert. Welche Vorsichtsmaßnahmen sind notwendig, um Ergebnisse, die im individuellen Rahmen gewonnen wurden, auf größere Gruppen auszudehnen? Wo liegen die Grenzen solcher Übertragungen und welche heuristische Rechtfertigung läßt sich trotz allem dafür geben? Wir haben bestimmt nicht die Absicht, methodologische Probleme zu ignorieren. Doch allmählich breitet sich die Erkenntnis aus, daß bis heute methodologische Schwierigkeiten immer wieder als Ausrede vorgeschoben werden, um überhaupt keine wissenschaftliche Arbeit mehr zu leisten. Mit dieser Taktik kann man seinen Intellekt in Urlaub schicken, ohne von irgend jemand dafür zur Rechenschaft gezogen zu werden. Vor allem der philosophische Laie wird sich leicht durch die Erklärung beeindrucken lassen, man wäre voll und ganz mit methodologischen Überlegungen beschäftigt. Häufig dient ein solcher Vorwand auch dazu, wissenschaftlich noch ungeklärte Probleme einfach zur Seite zu schieben und so die eigene intellektuelle Sterilität zu verschleiern.

Ich habe mich hier mit den gegen FREUDS Arbeit vorgebrachten Einwänden näher beschäftigt, weil sie jene Haltung charakterisieren, die heute von vielen Gebildeten gegenüber religiösen Problemen eingenommen wird. Ihnen allen ist gemeinsam, daß die zentrale Frage ausgeklammert wird. Außerdem entsprechen diese Einwände den typischen Abwehrreaktionen, wie sie uns bei der Analyse regelmäßig begegnen. So ist der erste Einwand mit seiner Behauptung, die Religion spiele keine Rolle mehr, die genaue Entsprechung einer minimierenden Abwehrreaktion, einer Reduktion aufs Triviale. Der zweite, der den metaphysischen Charakter der Religion in die Diskussion wirft, entspricht der »gespaltenen Überzeugung« des Zwangsneurotikers. Und der dritte Einwand, der sich hinter methodologischen Schwierigkeiten versteckt, repräsentiert das Vorluststadium der intellektuellen Aktivität. Man könnte dies als eine Art »Hamlet-Zwang« bezeichnen, wodurch jede konkrete wissenschaftliche Arbeit immer wieder verschoben wird. Doch alle diese Einwände stimmen darin überein, daß sie die grundsätzliche Haltung von Freuds ›Gegner‹ akzeptieren. Keiner dieser Einwände könnte von einem wirklich Gläubigen kommen; doch jeder hat seine Wurzeln in einer unbewußten Religiosität.

Dieser ›Gegner‹ reagiert also nicht mit offenem Widerstand, sondern verbirgt sich hinter einer Fassade oberflächlicher intellektueller Zustimmung, hinter der er seinen Widerstand organisiert. Das heißt, er macht vordergründige Konzessionen, ohne daraus die notwendigen logischen Konsequenzen zu ziehen. Das führt dazu, daß dieser Essay FREUDS auf die mentale Trägheit und innere Unaufrichtigkeit unserer Gesellschaft keinen Einfluß auszuüben vermag.

Diese Erörterung religiöser Probleme ruft mir die ›Fischpredigt‹ des HEILIGEN ANTONIUS ins Gedächtnis. Sie ist im *Buch der Heiligen* überliefert, findet sich aber auch in Versform in *Des Knaben Wunderhorn* [siehe unten]. Der Heilige findet die Kirche leer und geht deshalb zu den Fischen, um ihnen zu predigen. Karpfen und Kabeljau, Krebs und Schildkröte versammeln sich, um ihn zu hören:

> Antonius zur Predig
> Die Kirche findt ledig,
> Er geht zu den Flüssen
> Und predigt den Fischen;
> > Sie schlag'n mit den Schwänzen,
> > Im Sonnenschein glänzen.
>
> Die Karpfen mit Rogen
> Sind all' hierher zogen,
> Haben d' Mäuler aufrissen,
> Sich Zuhörens beflissen:
> > Kein' Predig niemalen
> > Den Karpfen so g'fallen.
> . . . . . . . . . .

Und dann der Schluß [den in etwas veränderter Form auch MAHLERS in den E-Dur-Akkorden seiner 3. Symphonie verwandt hat]:

> Die Predig geendet,
> Ein jedes sich wendet,
> Die Hechte bleiben Diebe,
> Die Aale viel lieben.

Die Predig hat g'fallen,
Sie bleiben wie alle.

Die Krebs' gehn zurücke,
Die Stockfisch' bleiben dicke,
Die Karpfen viel fressen,
Die Predig vergessen.
Die Predig hat g'fallen,
Sie bleiben wie alle.

(aus: *Des Knaben Wunderhorn*, ges. von L. U. v. Arnim und Clemens Brentano,
Leipzig: Hesse Verlag 1906)

Doch es gibt noch einen Punkt, der hier erwähnt werden muß.
Freud betont, daß die Psychoanalyse »eine Forschungsme-
thode, ein parteiloses Instrument« ist, dessen sich die Verteidiger
der Religion »mit demselben Recht« bedienen können, »um die
affektive Bedeutung der religiösen Lehre voll zu würdigen«.
Ganz bestimmt werden wir dem nicht widersprechen. Doch das
Ergebnis der Analyse hängt von dem ab, der sie praktiziert. Das
bedeutet, daß sich die Situation völlig verändert, wenn man mit
ihrer Hilfe versuchen würde, den Wahrheitsgehalt der Religion
zu untersuchen. Wenn sich ein Priester der Analyse bedient, hört
er nicht auf, ein geistlicher Hirte zu sein. Dadurch verschieben
sich die ursprünglich neutralen Ziele, die ideelle Grundlage wird
verfälscht, und der Psychoanalyse entgegengesetzte Absichten
kommen ins Spiel. Die Psychoanalyse wird auf diese Weise zum
Zugpferd der Kirche. Ganz unzweifelhaft verfügen nicht wenige
Priester über ein tiefes analytisches Verständnis. Doch gleichzeitig werden sie von der geschickt verborgenen Absicht geleitet, die
Psychoanalyse ganz in den Dienst der einzigen Heiligen und
Apostolischen Kirche zu stellen. Für das erste möchten wir ihm
danken, für das zweite sagen wir aber danke schön! Jeder, der
die Literatur verfolgt, kann feststellen, daß die Kirche dabei ist,
die Psychoanalyse zu übernehmen. Es kann jedoch nicht geleug-
net werden, daß die Kirche zu den repressivsten Kräften unserer
Gesellschaft gehört. Wenn sie sich die Erkenntnisse der Psychoanalyse zunutze macht, wird diese zum Instrument der Unterdrückung. Bei der praktischen Arbeit mit Zwangsneurotikern
läßt sich beobachten, daß diese häufig neu erworbene Kenntnisse
geschickt in ihr Vorstellungs- und Verhaltensmuster einbauen;

oft ist es sogar so, daß sich durch die Analyse die neurotischen Züge noch verstärken und weiter ausbreiten. Und genau das würde passieren, wenn die Kirche die Psychoanalyse in ihre Dienste stellen würde.

Man sollte sich gegenüber religiösen Überzeugungen tolerant verhalten, doch wir sollten unsere Toleranz keineswegs auch auf analytische Verirrungen ausdehnen. So schrieb vor kurzem ein Berliner Kollege, daß Psychoanalyse und Religion grundsätzlich an das Gute im Menschen glaubten. Beide würden den Nachweis führen, daß das Gute am Ende siegen müßte. Wir können uns hier damit nicht weiter auseinandersetzen, doch wir müssen darauf bestehen, daß die Psychoanalyse auch genau das Gegenteil demonstrieren kann. Man kann genausogut an eine Weltordnung glauben, in der das Gute unbarmherzig bestraft wird und das Böse eine Belohnung in sich selbst darstellt. Wenn unser geschätzter Kollege an Gottes gnädige Hand glaubt, die uns die Richtung weist, dann werden wir es nicht wagen, ihn darin zu verunsichern. Doch wir möchten mild hinzufügen, daß uns die Richtung, in die der *digitus paternae dextrae*[1] weist, äußerst dubios erscheint.

Wir wollen noch auf einen anderen Punkt in FREUDS ›Diskussion‹ näher eingehen. Er weist dort darauf hin, daß die Religion durch ihr Prinzip der Reue und Buße nicht selten geradezu zum Sündigen aufforderte: »Russische Innerlichkeit hat sich zur Folgerung aufgeschwungen, daß die Sünde unerläßlich sei, um alle Seligkeiten der göttlichen Gnade zu genießen . . .« Diese Haltung findet sich aber auch bei anderen Gruppen und zu anderen Zeiten. So gab es zur Zeit der Entstehung des Christentums viele gnostische Sekten, darunter beispielsweise die Kainiten und die Karpokratianer, deren Verachtung für das Fleisch so weit ging, daß sie sich entschlossen allen »fleischlichen Begierden« hingaben, um es zu zerstören. Im Mittelalter wurde manches Mädchen zum Scheiterhaufen verurteilt, weil ein Priester es angeklagt hatte, sein Hymen zu hartnäckig zu verteidigen. Es verteidigte damit einen leiblichen Wert, der für das Heil der Seele keinerlei Bedeutung besaß. Immer wieder gab es auch Perioden, in denen die ›Heilige Mutter Kirche‹ die Askese als Sünde bezeichnete. Nur eitler Stolz stand hinter dem Versuch, sich vom »ewigen

---

[1] [wörtl. übers.:] Der Finger der väterlichen Rechten.

Fluch des Fleisches« zu befreien, den Gott in seiner unergründlichen Weisheit dem Menschen seit Adams Tagen auferlegt hatte. In diesen Perioden propagierte also auch die katholische Kirche ganz offen die Sünde. *Extra ecclesiam non est salus.*[1]

Freuds Ausführungen über die Zukunft der Religion, die seiner Meinung nach einen langsamen, unabwendbaren Auflösungsprozeß durchlebt, sind so klar und eindringlich, daß sie nicht zu kommentiert werden brauchen. Es finden sich darin Sätze, die uns mit ihrer couragierten Direktheit, ihrer Monumentalität und ihrer diamantenen Klarheit an den Beginn von Beethovens 5. Symphonie erinnern: so pocht das Schicksal an die Pforte einer Kultur.

Wir wenden uns nun dem letzten Teil von Freuds Essay zu, in dem er darüber reflektiert, wie sich die kulturelle Struktur verändert, wenn die Religion ihre Bedeutung als signifikantes Element verloren hat. Seiner Meinung nach wird sich dann die Idealforschung der Psychologie, der »Primat des Intellekts« verwirklichen, verbunden mit einer wirklichen Erziehung zur Realität. Der Mensch der Zukunft wird resigniert die eigenen Begrenzungen anerkennen und fähig sein, auf alle Illusionen zu verzichten.

Genau wie der ›Gegner‹ müssen auch wir die innere Logik und die Bedeutung von Freuds Ideen anerkennen, doch unsere Skepsis gegenüber dieser Zukunftsperspektive läßt sich dadurch nicht unterdrücken. Wir wollen allerdings Freuds Ansichten nicht mit einem harten Nein widersprechen, sondern begnügen uns mit dem sanften *»Je doute«* [»Ich zweifle«] von Renan. Wir müssen uns auf der einen Seite Freuds Prognose anschließen, nach der die Religion zum Untergang verurteilt ist, doch wir zweifeln sehr daran, ob der Mensch wirklich fähig sein wird, ohne Illusionen zu leben. Die Erziehung zur Realität wäre ein höchst wünschenswertes Endziel, doch das herausstechende Merkmal der Realität ist ihre Unerfreulichkeit. Insgeheim sind wir der Ansicht, daß Realität etwas ist, was vor allem die anderen akzeptieren sollen. Wenn die Illusion der Religion verschwindet, wird eine neue Illusion ihren Platz einnehmen. Der »Primat des Intellekts«, den Freud vorhersagt, wird nie mehr als oberflächlich wirken können. Die Menschen werden auch weiterhin durch

---

[1] [übers.:] Außerhalb der Kirche gibt es kein Heil.

ihre unbewußten Triebimpulse geleitet werden. Wir schließen die Möglichkeit nicht aus, daß die menschliche Gesellschaft eines Tages durch die ›Wissenschaft‹ regiert wird, doch ihre Mitglieder werden noch immer schwache, unbeständige, mehr oder weniger vernünftige und ihren ›Instinkten‹ ausgelieferte Wesen sein, die ihrem ganz persönlichen Vergnügen nachjagen. Auch dann noch werden sie beten: »Und gib uns unsere tägliche Illusion, Herr!«

Die Erfahrung hätte Freud eigentlich sagen müssen, daß die ›Wissenschaft‹ noch keinen Wissenschaftler besser gemacht hat; keiner von ihnen ist geduldiger oder glücklicher oder auch nur klüger als seine Mitmenschen. Freud selbst schrieb einmal die folgenden Zeilen, aus denen sich entnehmen läßt, daß ihm dieser Gedanke keineswegs völlig fremd war: »Wenn einmal eine andere Form der Erziehung der Massen die Religion ersetzt, wie es der Sozialismus augenblicklich zu tun scheint, wird dieselbe Intoleranz gegen Außenseiter fortbestehen. Und wenn die Wissenschaft vielleicht einmal eine ähnliche Macht gegenüber den Massen gewinnt, wird das Ergebnis dasselbe sein.« Schon einmal wurde die ›Herrschaft der Vernunft‹ ausgerufen, begleitet vom »Ça ira« [»Es wird gehen«] der Revolutionäre, und zu ihren Ehren fielen Tausende von Köpfen unter der Guillotine. Das ›Höchste Wesen‹ wird im besten Fall ein Marionettenkönig der alles beherrschenden Instinkte sein. Ich fürchte, daß auch die ›Herrschaft der Vernunft‹ niemand davon wird abhalten können, sich höchst unvernünftig zu verhalten. Freud überschätzt sowohl die Reichweite wie auch die Stärke der menschlichen Intelligenz. Sie ist im wesentlichen von der der Tiere kaum verschieden; und in vielen Fällen muß auch dieser Vergleich noch als triviale Form der Schmeichelei gelten.

Freud weist darauf hin, daß der Primat des Intellekts nur dann möglich wird, wenn sich die Menschheit von Grund auf ändert. Er betont die Tatsache, daß die menschliche Psyche im Verlauf der Menschheitsgeschichte bestimmte Entwicklungsprozesse durchlaufen hat, so daß sie heute anders strukturiert ist als zu Beginn dieses Prozesses. Zu den Mechanismen, die diese Veränderungen bewirkten, gehören beispielsweise die Introjektion und die Internalisierung. Auf der einen Seite werden die Aggressionstriebe des Individuums ›verinnerlicht‹, auf der anderen erfolgt die Übernahme der Umweltnormen. Beide Prozesse zusammen führen zur Herausbildung des Über-Ich. Niemand wird diese Entwicklung ignorieren können, doch es ist die Frage, ob sie tatsächlich auch einen Fortschritt bedeutet. So kann vieles, was zunächst wie ein Fortschritt erscheint, in Regression umschlagen; oder es können Reaktionen auftreten, die sich negativ auf die Persönlichkeitsstruktur auswirken. Der Verlauf der Menschheitsgeschichte könnte mit einem gigantischen Pendel verglichen werden, das sinn- und absichtslos hin- und herschwingt; und dasselbe gilt auch für die individuelle Existenz. Der Skeptiker wird sogar die Frage stellen, ob die Stärkung des Über-Ich tatsächlich als so großer kultureller Erfolg gefeiert werden sollte. Denn häufig führt gerade der Prozeß der Internalisierung zur Entstehung zerstörerischer Tendenzen, die sich entweder gegen das Ich selbst richten oder sich schließlich explosionsartig nach außen bemerkbar machen. Bei Neurotikern läßt sich beobachten, daß die Forderungen des Über-Ich das Individuum oft genauso sehr beschränken und behindern wie die sozialen Normen des Ich. Nicht selten sind die von den beiden Instanzen ausgehenden Forderungen identisch. Für das Individuum ist es jedoch wichtig, in welchem Verhältnis sie zueinander stehen. Denn ein überstrenges Über-Ich kann genauso verhängnisvoll sein wie übermächtige äußere Zwänge. Es kann Leben ruinieren und Menschen zu Mördern werden lassen – genau wie das Milieu. Die Unterschiede zwischen äußeren und inneren Zwängen sind keineswegs so groß, wie es auf den ersten Blick scheinen mag. Man sollte sich dabei daran erinnern, daß die Metamorphose eines nach außen gerichteten Aggressionstriebs in einen unterdrückten inneren Impuls keineswegs eine Verringerung der Triebintensität bedeutet. Tatsächlich erhöht der Verdrängungsprozeß die Stärke des Impulses. Außerdem können in kulturell sublimierten und differenzierten Persönlichkeitsstrukturen bereits kleine Reize zu denselben Wirkungen führen wie intensive Reize bei ursprünglicheren, ›primitiveren‹ Individuen. Gott hat dafür gesorgt, daß der Elefant Lasten tragen kann, die einem Pferd das Rückgrat brechen würden. Und ein Schlag, den ein ›Primitiver‹ kaum spürt, streckt den modernen Zivilisationsmenschen zu Boden. Vielleicht wäre der Mensch also in einer sehr viel günstigeren Situation, wenn ihm Gott das ›Recht auf Vernunft‹ verwehrt hätte.

Bei der Diskussion über die Auswirkungen der kulturellen Evolution kommt Freud auch auf die intellektuelle Begrenztheit

der Frau zu sprechen, die vielleicht durch die ihr auferlegten sexuellen Einschränkungen zu erklären ist. Die Eigentümlichkeit
der femininen mentalen Prozesse bedeutet aber keine Minder-
wertigkeit. Die Analyse zeigt uns, daß die sexuelle Zensur einen
signifikanten Einfluß auf die intellektuellen Funktionen ausübt.
Doch dadurch ist noch nicht bewiesen, daß sie allein für den besonderen Charakter der weiblichen Intelligenz verantwortlich
ist. Vielleicht finden sich in der psychophysischen Struktur und
in der weiblichen Anatomie die Ursachen dafür, daß Frauen ihre
Intelligenz anders einsetzen als Männer, die ebenfalls davon nicht
immer auf vernünftige Weise Gebrauch machen. Ganz bestimmt
stehen die Frauen aber fester auf dem Boden der Realitäten als
die Männer. Trotzdem würde es nicht schwerfallen, sowohl unter Gläubigen wie Ungläubigen Zustimmung für die Meinung
des heiligen Hieronymus zu finden: »*Tota mulier in utero.*«[1]

Es ist zu vermuten, daß der ›Primat des Intellekts‹ deshalb
nicht errichtet werden kann, weil die menschliche Persönlich-
keits- und Bewußtseinsstruktur in ihrem Wesen nicht veränder-
bar ist; jeder Ausweitung der intellektuellen Einflußsphäre würden sich unüberwindbare Kräfte aus der Triebsphäre entgegenstellen. Freud hat klar nachgewiesen, daß die Religion viele
Behauptungen aufstellt, die durch nichts belegt werden können.
Doch um gerecht zu sein, sollte man auch Ausnahmen anerkennen. So erklärt uns die Bibel: »Selig sind, die da geistlich arm
sind.« Und diese Aussage hat bestimmt ihre Berechtigung, wie
das Verhalten vieler Gläubigen auf überzeugende Weise demon-
striert. Man sollte sich dazu auch ins Gedächtnis rufen, daß Gott
die in frommer Einfalt lebenden Gläubigen und Heiligen besonders liebte. Doch wir können auch im täglichen Leben Belege für
die Wahrheit dieser Aussage finden. So werde ich nie das glückliche, ja verzückte Gesicht eines armen Geisteskranken vergessen,
den ich in einer psychiatrischen Klinik sah. Ein schwacher Wi-
derglanz dieses Ausdrucks fand sich auch im Gesicht des behan-
delnden Arztes. Nein, ich kann nicht daran glauben, daß der
Mensch zugunsten der Intelligenz auf seine Dummheit verzichten wird. Nicht nur ›Freiheit, Gleichheit, Brüderlichkeit‹, auch
Unvernunft gehört zu den heiligen und unveräußerlichen Men-
schenrechten. Die Geschichte aller Länder, ganz besonders aber

---

[1] [übers.:] Die Frau [ist] völlig durch die Gebärmutter [zu verstehen].

die unseres geliebten Österreichs, beweist, daß die Menschen dieses Recht schon immer hartnäckig verteidigten, wenn es sein mußte, auch mit der Waffe in der Hand.

FREUD vertritt die Ansicht, daß sich die Stimme der Vernunft, so schwach sie heute auch noch sein mag, schließlich Gehör verschaffen wird. Und er erwartet sich davon Großes. Doch er sieht auch voraus: »Unser Gott Logos ist vielleicht nicht sehr allmächtig, kann nur einen kleinen Teil von dem erfüllen, was seine Vorgänger versprochen haben.« Doch im Widerspruch zu seinem ›Gegner‹ meint er: »Das Interesse an Welt und Leben werden wir darum nicht verlieren, denn wir haben an einer Stelle einen sicheren Anhalt, der Ihnen fehlt.« Hier ließe sich vielleicht einfügen, daß die Zurückweisung der religiösen Illusion und damit des geistlichen Trostes deshalb nicht zu Resignation und Verzweiflung führt, weil das Interesse am Leben durch andere als durch intellektuelle bzw. bewußte Faktoren, sondern durch mächtige Triebimpulse bestimmt wird. Selbst wenn wir der Ansicht wären, daß die Sintflut unmittelbar bevorstünde, würden wir unser Lebensinteresse nicht verlieren, es würde sich eher noch verstärken.

An dieser Stelle fühlen wir uns zu dem Urteil gedrängt, daß FREUD im ersten Teil seines Essays Wissen und Einsichten vermittelte, im zweiten aber eine Art Glaubensbekenntnis ablegte. Wir können ihm auch für diese brillant entworfene Prognose unsere Bewunderung nicht versagen, doch sie scheint uns weniger zwingend zu sein als die vorangegangenen Ausführungen. Subjektive Faktoren spielen bei diesem Zukunftsentwurf natürlich eine sehr viel größere Rolle als in der übrigen Darstellung. Es ist keineswegs völlig unmöglich, daß FREUDS Zukunftsbild eines Tages Realität wird, doch es ist ganz bestimmt bezeichnend, daß dieses Bild so ganz mit unseren heimlichen Wünschen übereinstimmt. Während der Hauptteil von FREUDS Essay wirklich die Zukunft einer Illusion zeigt, könnte man mit einer kleinen Übertreibung von diesem letzten Teil behaupten, daß er die Illusion einer Zukunft darstellt.

Doch es ließe sich auch eine ganz andere Zukunftsvision entwerfen, ohne dabei auf analytische Prinzipien zu verzichten. Die menschliche Zivilisation ist im wesentlichen wie eine Zwangsneurose strukturiert; beide haben ihren Ausgangspunkt in Reaktionsbildungen auf unterdrückte Triebtendenzen. Je länger eine

Zivilisation sich halten kann, desto stärker gewinnen die verdrängten Impulse die Oberhand. Dieser Prozeß läßt sich beispielsweise am Untergang des griechisch-römischen Kulturkreises verfolgen. Auf der einen Seite galten der von SOKRATES repräsentierte Logos und die von PLATON propagierte Doktrin der Sophrosyne als die höchsten Prinzipien in Ethik und Politik; über die Stoa wurde dieses Gedankengut an MARK AUREL vermittelt, der es zur Richtschnur seines Handelns machte. Doch dann begannen die so lange unterdrückten instinktiven Kräfte die Dämme zu überfluten, deren Basis im übrigen bereits unterminiert war, und leiteten den Untergang der griechisch-römischen Zivilisation ein. ›Junge‹ Völker, deren Vitalität durch die Zivilisation noch nicht ›verdorben‹ und gebrochen war, da sie ihren Instinkten freien Lauf ließen und sich nicht selbst durch deren Unterdrückung und Verdrängung schwächten, versetzten ihr schließlich den Todesstoß. Und damit begann der Zyklus von neuem, denn alles, was geschichtlich wird, »endet schließlich mit Nichtsein«.

Es gibt keinen triftigen Grund, warum nicht auch unsere Zivilisation diesem Schicksal entgegengehen sollte. Auch die Kultur unserer kleinen asiatischen Halbinsel könnte in absehbarer Zeit unter dem Ansturm vitalerer und ›primitiverer‹ Völker zusammenbrechen. Das ist eine Möglichkeit neben vielen anderen; doch sie kann dieselbe Wahrscheinlichkeit beanspruchen. Man sollte allerdings immer im Gedächtnis behalten, daß FREUD in diesem Essay keine Prophezeiung machen, sondern Denkanregungen geben wollte. Er selbst warnt davor, seinen ›Versuch‹ überzubewerten.

Die Zukunft ist uns verschlossen. Wir mühen uns in unserer kleinen ›Zivilisationsecke‹ wie jene Weber, die nie den fertigen Wandteppich zu Gesicht bekommen werden. Wir machen unsere Arbeit, weil wir keine andere Wahl haben und – das soll nicht verleugnet werden – weil sie uns befriedigt. Als letzte Weisheit bleibt auch uns nur das »*Cultivons notre jardin*«.[1]

Die Kultur des Abendlandes erlebte drei große Phasen der Desillusionierung und der Demütigung. Wir wollen kurz das Verhältnis der drei Protagonisten dieser Entwicklungsphasen zur Religion betrachten. So beschließt KOPERNIKUS, dessen For-

---

[1] [übertragen:] Bestellen wir unseren Acker [Garten]!

schungen den Beweis erbrachten, daß der Planet Erde keineswegs als Mittelpunkt des Kosmos betrachtet werden kann, sein Werk mit einer leidenschaftlichen Hymne an Gott, den Schöpfer des Himmels und der Erde. DARWIN, der den Menschen als »Krone der Schöpfung« vom Thron stieß, klammerte sich weiterhin an seinen Glauben, machte also selbst Vorbehalte gegen seine eigene Evolutionstheorie. FREUD erst entlarvt die Religion als Illusion, die aus ihrer Machtposition in unserer Kultur eliminiert werden sollte.

Der fromme und vorsichtige KOPERNIKUS wagte es nicht, seine Entdeckungen zu veröffentlichen. Doch während dieser Jahre wurde der freiheitsliebende FLORIAN GEYER der Führer einer Bewegung, die gegen kirchliche und adelige Vorrechte zu Felde zog und die Gleichheit aller Menschen propagierte. Er und seine Anhänger wiesen alle geistlichen Tröstungen und Jenseitshoffnungen zurück und bekannten sich stolz zum »irdischen Königreich« des Menschen. Sein aufrechter und unkomplizierter Geist konnte jene hintergründige Notwendigkeit nicht begreifen, die sich in ANATOLE FRANCES Worten ausdrückt: »Das Gesetz in seiner majestätischen Unparteilichkeit verbietet sowohl den Reichen wie den Armen unter Brücken zu schlafen und Brot zu stehlen.« Wegen seiner anmaßenden Ideen wurde FLORIAN GEYER von den Dienern der Throne und der Kirche gehetzt wie ein tollwütiger Hund und schließlich erschlagen. In den mehr als 400 Jahren seit seinem Tod hat es noch keine wirklichen Veränderungen in Richtung Freiheit gegeben. Trotz aller Äußerlichkeiten leben wir noch immer in einer Ära intellektueller Unterdrückung. Doch diese 400 Jahre hindurch leuchteten auch immer jene Worte durch das Dunkel, die ich auf FLORIAN GEYERS Schwert eingraviert sah und die gut als Motto diesem Essay Freuds voranstehen könnten: »*Nulla crux, nulla corona.*«[1]

Diese kritische Auseinandersetzung mit FREUDS Arbeit wurde erstmals in dessen Haus im Dezember 1927 bei einem unserer Mittwochabendtreffen vorgetragen. FREUD stimmte meinen kritischen Äußerungen über jene Wissenschaftler voll zu, die sich dauernd hinter methodologischen Problemen zu verschanzen versuchen. Er meinte: »Jene Kritiker, die ihre Untersuchungen völlig auf methodologische Fragen konzentrieren, erinnern mich

---

[1] [übers.:] Kein Kreuz, keine Krone!

an Leute, die dauernd ihre Brille putzen, anstatt sie aufzusetzen und damit um sich zu blicken.«

Meine pessimistischen Einwände wies er allerdings zurück. Obwohl er einräumte, daß sich seine Zukunftsvision nicht in nächster Zeit bewahrheiten dürfte, vertraute er auf längere Sicht auf die sich ausweitenden kritischen und intellektuellen Fähigkeiten der Menschen. Seiner Meinung nach würden sie schließlich die von ihm angedeuteten Entwicklungen bewirken. In der Diskussion räumte er ein, daß es schon immer Illusionen gegeben habe, die für den Fortschritt der Kultur wichtig waren. In der Vergangenheit sei auch die Religion eine solche für die Erziehung und kulturelle Weiterentwicklung wertvolle Kraft gewesen. Doch in unserer Zeit würde sie jeden Fortschritt behindern und müßte deshalb entthront werden. Nach dem Treffen meinte er lächelnd zu mir: »Sie sind keineswegs der Skeptiker, für den Sie sich halten. Ich würde Sie einen Positivisten nennen, weil Sie so unerschütterlich davon überzeugt sind, daß der Mensch zu keinerlei wirklichen Fortschritten fähig ist.«

VI

Ich möchte hier nun FREUDS kurze Darstellung *Ein religiöses Erlebnis* (1928a, GW XIV) diskutieren, um anhand dieses Beispiels einige Fragen von allgemeinerer psychologischer Signifikanz zu erörtern.

Es sollte beachtet werden, daß FREUD sich für seine Ausführungen nur auf sehr spärliches Material stützen konnte. Es besteht lediglich aus einem Brief, den er von einem amerikanischen Arzt erhielt. FREUD hatte in einem Interview, das er dem deutschamerikanischen Journalisten G. S. VIERECK gab, über seinen »Mangel an religiöser Gläubigkeit« und seine »Gleichgültigkeit gegen eine Fortdauer nach dem Tode« gesprochen. Darauf schrieb ihm der amerikanische Arzt:

»Am meisten Eindruck machte mir Ihre Antwort auf die Frage, ob Sie an eine Fortdauer der Persönlichkeit nach dem Tode glauben. Sie sollen geantwortet haben: Daraus mach' ich mir gar nichts.

Ich schreibe Ihnen heute, um Ihnen ein Erlebnis mitzuteilen, das ich in dem Jahr hatte, als ich meine medizinischen Studien an der Universität in X. vollendete. Eines Nachmittags hielt ich mich gerade im Seziersaal auf, als die Leiche einer alten Frau hereingetragen und auf einen Seziertisch gelegt wurde. Diese Frau hatte ein so liebes, reizendes Gesicht *(this sweet faced woman)*, das einen großen Eindruck auf mich machte. Der Gedanke blitzte in mir auf: Nein, es gibt keinen Gott; wenn es einen Gott gäbe, würde er nie gestattet haben, daß eine so liebe alte Frau *(this dear old woman)* in den Seziersaal kommt.

Als ich an diesem Nachmittag nach Hause kam, hatte ich unter dem Eindruck des Anblicks im Seziersaal bei mir beschlossen, nicht wieder in eine Kirche zu gehen. Die Lehren des Christentums waren mir auch vorher schon ein Gegenstand des Zweifels gewesen.

Aber während ich noch darüber nachsann, sprach eine Stimme in meiner Seele, ich sollte mir doch meinen Entschluß noch reiflich überlegen. Mein Geist antwortete dieser inneren Stimme: Wenn ich die Gewißheit bekomme, daß die christliche Lehre wahr und die Bibel Gottes Wort ist, dann werde ich es annehmen.

Im Verlauf der nächsten Tage machte Gott es meiner Seele klar, daß die Bibel Gottes Wort ist, daß alles, was über Jesus Christus gelehrt wird, wahr ist, und daß Jesus unsere einzige Hoffnung ist. Nach dieser so klaren Offenbarung nahm ich die Bibel als das Wort Gottes und Jesus Christus als den Erlöser meiner selbst an. Seither hat Gott sich mir noch durch viele untrügliche Zeichen geoffenbart.

Als ein wohlwollender Kollege *(brother physician)* bitte ich Sie, Ihre Gedanken auf diesen wichtigen Gegenstand zu richten, und versichere Ihnen, wenn Sie sich offenen Sinnes damit beschäftigen, wird Gott auch Ihrer Seele die Wahrheit offenbaren, wie mir und so vielen anderen . . .« (GW XIV, S. 393 f.).

Freud macht nun den Versuch, dieses religiöse Erlebnis »aus affektiven Motiven heraus« zu deuten: »Man darf sich also den Hergang in folgender Art vorstellen: Der Anblick des nackten (oder zur Entblößung bestimmten) Leibes einer Frau, die den Jüngling an seine Mutter erinnert, weckt in ihm die aus dem Ödipuskomplex stammende Muttersehnsucht, die sich auch sofort durch die Empörung gegen den Vater vervollständigt. Vater und Gott sind bei ihm noch nicht auseinandergerückt, der Wille zur Vernichtung des Vaters kann als Zweifel an der Existenz Gottes bewußt werden und sich als Entrüstung über die Mißhandlung des Mutterobjekts vor der Vernunft legitimieren wollen. Dem Kind gilt noch in typischer Weise als Mißhandlung, was der Vater im Sexualverkehr der Mutter antut. Die neue, auf das religiöse Gebiet verschobene Regung ist nur eine Wiederholung der Ödipussituation und erfährt darum nach kurzer Zeit dasselbe Schicksal. Sie erliegt einer mächtigen Gegenströmung ... Der Ausgang des Kampfes zeigt sich wiederum auf religiösem Gebiet; er ist der durch das Schicksal des Ödipuskomplexes vorherbestimmte: völlige Unterwerfung unter den Willen Gott-Vaters, der junge Mann ist gläubig geworden, er hat alles angenommen, was man ihn seit der Kindheit über Gott und Jesus Christus gelehrt hatte. Er hat ein religiöses Erlebnis gehabt, eine Bekehrung erfahren« (a.a.O., S. 395 f.).

Diese bemerkenswerte Interpretation wurde von einigen Kritikern angegriffen, weil ihrer Meinung nach das vorhandene Ausgangsmaterial zu spärlich für so weitreichende Schlußfolgerungen in bezug auf die in dem jungen Arzt ablaufenden psychischen Prozesse sei. Doch meiner Ansicht nach ist es FREUD trotz dieser schlechten Ausgangslage gelungen, die Entwicklung von der durch den Anblick der Leiche ausgelösten Erschütterung bis zur Bekehrung des Arztes überzeugend nachzuzeichnen. Wir müssen einräumen, daß das vorliegende Material einen Einblick in die Details des psychischen Prozesses nicht zuläßt. Es wäre sicher von Vorteil, wenn wir über den Bekehrungsvorgang selbst genauere Fakten vorliegen hätten. Doch es liegt in der Natur der Dinge, daß sich eine Bekehrung der Umwelt nicht wirklich erklären läßt, daß sie im wesentlichen mysteriös bleiben muß. Das Dogma weist deshalb auch darauf hin, daß eine Konversion psychisch und psychologisch völlig unbegreiflich ist, da sie vor allem als Offenbarung der göttlichen Gnade zu betrachten sei. Der HEILIGE AUGUSTINUS beschreibt auf eindrucksvolle Weise, wie die Seele des sterbenden Sünders durch die Gnade zum Glauben bekehrt wird – sofern ihr dieser Weg vorher bestimmt ist. Ebenso kann die göttliche Gnade Besitz vom Willen des Menschen ergreifen, um ihm *indeclinabiliter et insuperabiliter* [unbeugsam und unüberwindlich] eine neue Richtung zu geben.

Der Brief des Arztes wurde lange Zeit nach dem Erlebnis verfaßt. Doch in diesem speziellen Fall war es der Analyse trotzdem nicht möglich, den Zeitraum zwischen der Bekehrung und der Beschreibung dieses Vorgangs zu erhellen. Für eine wirklich sorgfältige psychoanalytische Untersuchung wäre es aber notwendig, etwaige Veränderungen und Verfälschungen im Erinnerungsvermögen des Arztes aufzudecken und in die Analyse miteinzubeziehen.

Wir wollen uns nun einigen weniger auffälligen Elementen zuwenden, die in FREUDS allgemeinerer Betrachtung übergangen wurden.

Woher kommt der ›große Eindruck‹, den der Anblick der nackten Frauenleiche auf den Arzt machte? FREUDS Antwort darauf ist, daß dieser Anblick die Mutterfixierung reaktivierte. Das heißt, in der Erinnerung werden jenen zärtlichen und sinnlichen Affekte wiedererweckt, die sich früher auf die Mutter richteten. Doch wenn wir uns nun ins Gedächtnis rufen, daß die Leiche der Frau auf dem Seziertisch liegt, dann legt das die Diagnose nahe, daß eine starke sadistische sexuelle Komponente das Erlebnis mitbestimmt. Dieses sadistische Element wird umgewandelt in intellektuelle Aggression und führt zu den Zweifeln an der Existenz Gottes. Wenn also dem Arzt beim Anblick der Leiche der Gedanke durch den Kopf blitzt, es gibt keinen Gott, dann wurde hier nicht nur die »aus dem Ödipuskomplex stammende Muttersehnsucht . . . durch die Empörung gegen den Vater vervollständigt«, sondern es fand zugleich eine Übertragung des sadistischen Impulses zurück auf das ursprüngliche Objekt der Kindheit statt.

Der Anblick der toten Frau, die hier unbewußt als Muttersurrogat diente, bewirkte also mehr als nur eine Neubelebung der Muttersehnsucht. Er aktivierte zugleich auch den negativen Ödipuskomplex, wodurch die Gegenimpulse, verstärkt durch diese Reaktion, an die Oberfläche der Psyche gelangen konnten. Erst nach dieser sadistischen Reaktion kann die Mutter wieder als »liebe alte Frau« erscheinen. Erst jetzt wirkt der Ödipuskomplex wieder in alter Gestalt und Stärke: als »Empörung gegen den Vater«. Es ist also keineswegs unwesentlich, daß es sich um eine tote Frau handelte, deren nackter Leichnam die alten Affekte reaktivierte. Denn nur dadurch konnten auch die unbewußten sadistischen Impulse wiedererweckt werden, so daß die gesamte emotionale Konstellation des Kindes wieder vorhanden war. Sobald dann in der Revolte gegen den Vater-Gott das Triebziel erreicht war, konnte die Regression stattfinden, also die völlige Unterwerfung unter den Willen Gott-Vaters.

Es ist auch bemerkenswert, daß das Erlebnis des Arztes durch einen optischen Eindruck ausgelöst wurde. Der Analytiker kennt den intimen Zusammenhang zwischen dem Voyeurimpuls und dem Verlangen nach Wissen und Erkenntnis. Das Kind erlebt die ersten Frustrationen dieses Verlangens, wenn es dafür bestraft wird, daß es seine Neugier auf Dinge richtet, die ihm verboten wurden. So wird der kleine Junge ermahnt und bestraft, wenn er sich für den nackten Körper der Mutter oder der Kinderschwester interessiert. Die Situation am Seziertisch löst eine Regression auf diese frühe Erfahrung aus. Zusammen mit der unbewußten Erinnerung an die Mutter wird so auch die alte Aggression gegen den Vater wiedererweckt, da dieser den sexuellen Wissensdrang des Kinds unterdrückte und etwaige Vergehen bestrafte.

Signifikant ist auch, daß die in der Schilderung des Arztes deutlich werdenden sexuellen Impulse vom Auge ausgehen, während die repressiven Kräfte sich des ›inneren Ohrs‹ bedienen. Die durch den Anblick der nackten Frauenleiche ausgelösten Zweifel führten zu einer Art ›innerem Monolog‹ zwischen ›Seele‹ und ›Geist‹ des Arztes. Es ist unschwer zu erkennen, welche früheren Aspekte der Entwicklung sich hier Gehör verschaffen. Die Stimme in der Seele des Arztes ist die Manifestation des Über-Ich, also des Vaters, die vom Ich ›verinnerlicht‹ wurde. Der Vater selbst warnt ihn, seinen Impulsen nachzugeben und sich gegen Gott zu stellen. Die ›innere Stimme‹ ist also die der Autoritäten der Kindheit: Vater, Lehrer, Priester, die das Kind fürchtete und verehrte. Durch sie wird die Empörung der ›dunklen Triebe‹ niedergeschlagen. Ihr Eingreifen führt zu einer bemerkenswerten Reaktion, denn das Ich des Arztes, sein ›Geist‹, antwortet der ›inneren Stimme‹: »Wenn ich die Gewißheit bekomme, daß die christliche Lehre wahr und die Bibel das Wort Gottes ist, dann werde ich es annehmen.« Ein solches Verlangen nach einem ›Beweis‹ findet sich immer wieder in der Religionsgeschichte. Viele Gestalten der Bibel und anderer heiliger Schriften bitten um Beweise für die göttlichen Wahrheiten, so daß sie den menschlichen Sinnen faßbar werden. Sie verlangen nach Zeichen und Wundern, die sie dann auch regelmäßig erhalten.

Eine Entsprechung zu diesem religiösen Phänomen findet sich in der Zwangsneurose. Oft genug stoßen wir bei der Behandlung von Zwangsneurotikern auf jenes spezifische Ursache-Wirkungs-Denken, in dem zwischen einem bestimmten Omen und einem erhofften bzw. befürchteten Ereignis ein Zusammenhang hergestellt werden soll. Psychologisch gibt es keinen großen Unterschied zwischen dem Vorstellungs- und Verhaltensmuster des jungen amerikanischen Arztes und der Zwangsidee, die sich eines neurotischen Patienten bemächtigt, während er die Straße entlanggeht: »Wenn diese Straßenbahn jenen Beleuchtungsmast vor dem Auto dort passiert, wird die Operation meines Vaters erfolgreich verlaufen.« Ein Ursache-und-Wirkungs-Denken dieser Art bezieht seine affektive Besetzung aus dem Glauben an die Omnipotenz des Gedankens. Diese Vorstellungen stammen immer aus dem unerschöpflichen Reservoir des Unbewußten. Doch im Falle des Arztes dürfen wir auch annehmen, daß bei seinem ›Erlebnis‹ vorbewußte Erinnerungen an die Tradition des Christentums teilhatten. Der latente und zugleich profunde Einfluß der christlichen Doktrin läßt sich vor allem daran erkennen, daß dreimal hintereinander von der Bibel als dem ›Wort Gottes‹ gesprochen wird (»Wenn ich die Gewißheit bekomme, daß . . . die Bibel das Wort Gottes ist«; »Im Verlauf der nächsten Tage machte Gott es meiner Seele klar, daß die Bibel Gottes Wort ist«; »Nach dieser so klaren Offenbarung nahm ich die Bibel als Wort Gottes«). Diese beiläufige, für den Analytiker aber höchst bedeutsame Wiederholung wirkt wie ein unbewußtes Bekenntnis. Sie führt uns zu der Annahme, daß sich die ›reaktionären Tendenzen‹ des psychischen Prozesses bis auf jene religiösen Lehrsätze zurückverfolgen lassen, die dem Kind wieder und wieder ins Ohr gehämmert wurden.

Wir können jetzt die in dem Arzt ablaufenden psychischen Prozesse während jener qualvollen Tage rekonstruieren, in denen der Zweifel von ihm Besitz ergriffen hatte, bis ihn dann Gott selbst wieder zum Glauben zurückführte. Durch die unbewußte Regression bekamen die religiösen Doktrinen der Kindheit eine verstärkte Wirksamkeit. Ihre Intensität beruht auf der dauernden Wiederholung im Elternhaus, wobei sie zugleich stark affektiv aufgeladen wurden. Dieser Vorgang ist auch deshalb von besonderer Bedeutung, weil gerade die religiösen Doktrinen in einem bestimmten Alter des Kindes dazu beitragen, daß dieses den infantilen Ödipuskomplex überwinden kann, wodurch es Aufnahme in die soziale Ordnung findet. FREUD bemerkt, daß sich der Konflikt in dem jungen Arzt offensichtlich »in der Form einer halluzinatorischen Psychose« abgespielt habe. Wir können dem hinzufügen, daß diese »aurikulare Halluzination« des jungen Arztes eine Regression auf religiöse Phasen darstellt, die mit einer Aura starker Emotionen umgeben sind. Die Bekehrung erfolgte durch die unbewußte Mitwirkung der affektiv stark besetzten Kindheitsimpressionen, vor allem durch jene, die in Zusammenhang mit religiösen Doktrinen und Symbolen standen.

Wenn ein Dichter den Versuch macht, ein solches Erlebnis in dramatischer Form darzustellen, dann reproduziert er folgerichtig den hier nachgezeichneten subjektiven Prozeß in einer objektiven Handlung. Obwohl er für die Symbolik nur auf Sinneseindrücke zurückgreifen kann, wird es ihm auf diese Weise gelingen, uns davon zu überzeugen, daß seine Gestalt tatsächlich die Erfahrung solch tiefgreifender affektiver Kindheitseindrücke gemacht hat. Die mysteriöse Bekehrung des jungen Arztes, die durch den starken Strom unbewußter religiöser Kindheitsimpressionen bewirkt wurde, mag viele Leser an die ›Nacht‹-Szene in GOETHES *Faust* erinnern. Der Klang der Osterglocken und der Gesang des Osterchorals *Christ ist erstanden* erinnern den von Zweifeln und Hoffnungslosigkeit zerrissenen Faust an die Tage der Kindheit:

> Und doch, an diesen Klang von Jugend auf gewöhnt,
> Ruft er auch jetzt zurück mich in das Leben.

Es sind allein die Kindheitseindrücke, die dem Klang der Glocken und den Worten des Chorals diese zugleich besänftigende und ermutigende Wirkung geben. In dem jungen Arzt und in Faust wird der Inhalt der ›holden Nachricht‹ verstärkt durch die Erinnerung an die kindlichen Emotionen, die einst dadurch erweckt wurden.

Obwohl die ›dunklen Triebe‹ durch den Anblick der Leiche auf dem Seziertisch erwacht sind, die weitere unbewußte Erinnerungen freisetzen, wird der junge Arzt plötzlich wieder von der alten ›Sehnsucht‹ gepackt. Die in Vergessenheit geratenen religiösen Geschichten und Unterweisungen werden reaktiviert, so daß er wieder so ergriffen glauben kann wie in den Kindheitstagen. Die ›Muttersehnsucht‹ ist hier isoliert von dem Verlangen nach dem liebenden und Schutz gewährenden Vater.

Es ist also festzuhalten, daß dieser Konflikt durch Liebe allein nicht gelöst werden kann. Man könnte FREUDS Beschreibung des in dem jungen Arzt ablaufenden psychischen Prozesses schematisch so zusammenfassen: Anblick der nackten Frauenleiche – (unbewußte) Erweckung der Muttersehnsucht; Empörung (Todeswunsch gegenüber dem Vater) – (bewußte) Zweifel an der Existenz Gottes; innerer Umschwung dagegen und Konversion durch Reaktion (Regression). Diese Skizze erfordert aber noch eine psychoanalytische Ergänzung: der Todeswunsch, der sich gegen den Vater richtet (in der Verschiebung: Zweifel an Gott), provoziert unbewußt intensive Affekte in dem jungen Mann, die im wesentlichen auf der Angst um das eigene Leben (bzw. auf der Kastrationsangst) beruhen. Diese dringen nicht bis ins Bewußtsein vor, doch sie zeigen ihre Wirkung zuerst im Lautwerden und schließlich im Triumph der mahnenden ›inneren Stimme‹. Wenn wir versuchen, diese unbewußten Prozesse in die Sprache des Bewußtseins zu übersetzen, ergibt sich ungefähr folgende Gedankenkette: Wenn ich mich gegen den Vater auflehne und ihn töte (den Vater-Gott), dann werde ich dieselbe Strafe erfahren wie diese Frau, die hier vor mir auf dem Seziertisch liegt. Unsere analytische Erfahrung rechtfertigt diese Deduktionen, mit denen wir die Lücken des psychischen Prozesses hier auszufüllen gezwungen sind. Denn die Analyse hat den Beweis erbracht, daß die Furcht ein die Psyche dominierender Faktor ist.

Nachdem der Todeswunsch erst einmal laut geworden ist (in der Form der Zweifel an Gottes Existenz), ist die Grundhaltung des jungen Arztes nicht mehr durch ihre Ambivalenz charakterisiert, sondern durch ein Schwanken zwischen Trotz und Angst. Während der folgenden Tage wird er zwischen Haß und Zuneigung, Trotz und Angst hin- und hergerissen. Der Höhepunkt dieser Krise besteht im Versuch der Triebimpulse (der ›dunklen Mächte‹), intensiviert durch die Angstgefühle, sich in ihrer ganzen primitiven Gewalt ins Bewußtsein zu drängen. Und da sie untrennbar mit dem Ödipuskomplex verwoben sind, droht auch dieser wieder an die Oberfläche zu kommen. Doch dieser Höhepunkt des Konflikts beinhaltet auch den Umschwung, da die aggressiven und feindlichen Impulse durch die unbewußte Kastrationsangst wieder ins Unterbewußtsein zurückgedrängt werden. Dies ist in ›teleskopierter‹ Form eine Wiederholung jener frühen psychischen Prozesse, durch die der Ödipuskomplex in der Kindheit ins Unterbewußtsein verdrängt wurde. Das Wiederaufleben der Kastrationsangst ist also die Vorbedingung zur Unterwerfung unter den Willen Gottes und die religiösen Traditionen.

Die starke homosexuelle Tendenz des jungen Arztes, die sich in hoch sublimierter religiöser Verkleidung darstellt, läßt ihn nach seiner Bekehrung zum Proselytenmacher werden. Er will alle seine Brüder (*brother physician*), ja die ganze Menschheit, in der Liebe zu Gott-Vater vereinigen. Diese ›Erlöser-Tendenz‹ läßt sich in bestimmten klein- bis mittelbürgerlichen Schichten der amerikanischen Gesellschaft immer wieder beobachten. Kein Wunder, daß dieser Wunsch bei einem Individuum übermächtig wird, das auf so wunderbare Weise Einblicke in das Absolute bekommen hat. Doch auf der anderen Seite bleibt der Eindruck bestehen, daß diese allumfassende Liebe zur Menschheit nichts anderes ist als eine Überreaktion auf extreme rebellische Impulse. Der Bekehrungseifer des jungen Arztes bekommt seine Intensität aus diesen unterdrückten aggressiven Tendenzen. Genauso läßt sich die Heftigkeit eines unbewußten Wunsches an der Stärke der Hemmungsmechanismen erkennen, die sich seiner Erfüllung entgegenstellen. Die ursprüngliche Triebenergie wird in diesen Fällen zur Stärkung der entgegengesetzt wirkenden Faktoren verwendet. Der unbewußte psychische Prozeß, der schließlich zur Bekehrung des Arztes führte, läßt sich also als Regression zusammenfassen. Damit ist dieses ›Mysterium‹ auf weite Strecken einsichtig geworden. Außerdem können wir jetzt auch die emotionale Situation des Arztes zum Zeitpunkt seines Schreibens an FREUD besser erfassen:

Entschlafen sind die wilden Triebe
Mit jedem ungestümen Tun;
Es regte sich die Menschenliebe,
Die Liebe Gottes regt sich nun.

Der religiöse Glaube, der erst nach Beilegung eines so tiefgreifenden Konflikts und trotz aller Einwände der Vernunft erreicht wurde, ist also das genaue Gegenstück zu jenen extremen Kräften der Empörung, denen er abgewonnen werden mußte. Die Kirchenväter würden die dieser ›Erleuchtung‹ vorausgehenden psychischen Prozesse zweifellos als eine ›von Gott auferlegte Prüfung‹ bezeichnen, die häufig die Konversion bewirkt.

Die aus den verborgenen psychischen Quellen aufsteigenden Wellen der Rebellion und Aggression werden schließlich von der mächtigen religiösen Unterströmung verschlungen. Die Empörung des jungen Mannes gegen einen grausamen und tyrannischen Gott bricht unter dem Druck der psychischen Reaktion in sich zusammen: »Die Träne quillt, der Himmel hat ihn wieder.«

Soweit die psychologische Analyse dieses Falles. Doch worin besteht die allgemeinere wissenschaftliche Bedeutung von FREUDS Essay, welche weiterreichenden Implikationen enthält dieser individuelle Fall? Ich vertrete die Ansicht, daß diese vier Seiten FREUDS mit ihrer Analyse eines bestimmten religiösen Erlebnisses einen großen Schritt in Richtung auf ein allgemeineres Verständnis des Bekehrungsprozesses darstellen. Die moderne Religionswissenschaft hat zu diesem Problem ein reiches Material zusammengetragen. Einige dieser Werke berühren auch jene Punkte, die uns hier beschäftigen.[1] So ist WILLIAM JAMES der Ansicht, daß das Unbewußte – er begreift es noch in seiner alten statischen Form – bei einer Bekehrung eine entscheidende Rolle spielt. Neuere Arbeiten beziehen auch psychoanalytische Forschungsergebnisse in ihre Überlegungen mit ein. Doch die fundamentalen psychischen Prozesse der Bekehrung wurden auch durch sie nicht ausreichend geklärt. Wenn wir jedoch von den individuellen Besonderheiten des von FREUD geschilderten Falles absehen und uns auf die Ergebnisse seiner Analyse konzentrieren, eröffnen sich tiefe Einblicke in sie. Es ist empfehlenswert, von Fällen wie diesem auszugehen, die durch eine plötzliche und mysteriöse Erleuchtung charakterisiert sind. Denn wenn es uns gelingt, die Motivierung einer solchen *conversione fulminea* zu verstehen (diese Bezeichnung stammt von DE SANCTIS, der damit jene Fälle meint, die der *conversione progressiva* entgegengesetzt sind[2], dann bekommen wir auch Einblick in die psychischen Prozesse der sich langsamer und schrittweise vollziehenden Bekehrungen.

Die analytische Psychologie gelangt nun zu dem bemerkenswerten Ergebnis, daß die entscheidende Voraussetzung für eine

---

[1] Vgl. J. HERZOG, Der Beruf der Bekehrung, 1903; W. JAMES, *The Varieties of Religious Experience*, 1903; E. D. STARBUCK, *The Psychology of Religion.* Ferner die bekannten moderneren Werke von DE SANCTIS, GIRGENSOHN, OESTERREICH u. a.

[2] SANTE DE SANCTIS, *La Conversione religiosa*, Bologna 1924, S. 53.

Bekehrung im unbewußten Aufwallen mächtiger feindseliger und aggressiver Impulse gegen den Vater zu suchen ist. Diese erfahren eine Verschiebung und werden als Zweifel an Gottes Existenz bewußt. Der wesentliche Zug des Bekehrungsprozesses ist die emotionale Reaktion gegen diese unbewußten Haß- und Trotzimpulse. Aus dieser Reaktion auf die ›dunklen Triebe‹ erwächst eine überstarke Zuneigung, die ihren Ausdruck in völliger Unterwerfung unter den Willen des Liebesobjekts und bedingungslosen Glauben an seine Doktrinen, Ge- und Verbote findet. Die große Ähnlichkeit zwischen den auf kindlicher Zuneigung beruhenden Verhaltensweisen und religiösen Glaubensphänomenen wird einer Bewußtseinspsychologie äußerst seltsam erscheinen. Doch die Pastoraltheologie hat sie schon seit Jahrhunderten als Selbstverständlichkeit akzeptiert und sich zunutze gemacht. Der Wendepunkt des Bekehrungsprozesses wird beim Auftreten der unbewußten (Kastrations-) Angst erreicht, die durch die Haßimpulse heraufbeschworen wird.

Freuds kleiner Aufsatz hat deshalb so große Bedeutung, weil er diesen Prozeß verdeutlicht. Seine Darstellung des individuellen Falles enthält auch die Lösung des universellen Rätsels. Eine Bekehrung erwächst aus der Eruption von unbewußten Impulsen, die zu Haß- und Aggressionstendenzen gegen den Vater führen. Dadurch wird ein größerer Regressionsprozeß in Gang gesetzt, dessen einzelne Phasen durch Angst und Zuneigung gekennzeichnet sind. Die in ganz verschiedenen Metamorphosen auftretenden Konversionsprozesse – die Literatur gibt einen Eindruck von ihrer großen Zahl – lassen sich alle unter diese Beschreibung subsumieren. Gleichgültig, ob der psychische Prozeß wie im Fall des jungen Arztes durch ein besonderes Ereignis ausgelöst wurde oder ob er das Ergebnis einer längeren Konfliktphase ist, der auf die Bekehrung folgende ekstatische Zustand des Individuums ist immer das Produkt dieser unbewußten Regression.

Freuds Aufsatz hat für die gesamte Religionswissenschaft neue Perspektiven eröffnet. So bezeichnen die Begriffe Bekehrung und Offenbarung häufig denselben Prozeß. Nach Freuds Ausführungen läßt sich nun aber genauer sagen, daß viele Bekehrungen ihren Ursprung in einer wunderbaren und geheimnisvollen Offenbarung haben. Doch wir haben erst dann die Bedeutung seiner Darstellung in ihrem vollen Ausmaß begriffen, wenn wir ihre Ergebnisse auch auf das Gebiet der Kulturgeschichte anwenden, denn durch sie lassen sich jetzt auch Phänomene der kollektiven Psyche sehr viel genauer erfassen. Wir erkennen jetzt, daß jeder Offenbarung eine Empörung gegen die Gottheit vorausgeht, die ihrerseits zu einer mächtigen ›Gegenreaktion‹ starker Gefühle der Angst und Zuneigung führt. So geht der Offenbarung auf dem Berg Sinai, auf die sich Juden- und Christentum gründen, eine Empörung der israelischen Stämme gegen ihren Führer voraus. Durch die Moses geoffenbarten göttlichen Gebote gelingt es dann, sie wieder zu disziplinieren und zu unterwerfen. Ursprünglich war dies also ein personaler intrapsychischer Vorgang, der aber dann als nach außen gewendetes historisches Ereignis überliefert wurde. Der Empörung folgen Drohungen und Strafen, die das Volk wieder zum Gehorsam zwingen. Die Stimme Jahwes verkündet die neuen Gebote des ›Du sollst‹ und ›Du sollst nicht‹. Die Psychoanalyse konnte zeigen, daß diese im Grunde nichts anderes bezwecken, als die Unterdrückung der unbewußten inzestuösen und rebellischen Impulse. Was als *veritates a coelo delapsae*[1] erscheint, ist ausgesprochen irdischer Herkunft und entspringt irdischer Motivation. Freuds an einem Einzelfall entwickelte Theorie der Bekehrung ist also gleichermaßen für die auf dem Sinai erfolgte Offenbarung gültig.

Aus diesem Grund hege ich auch die Hoffnung, daß die jungen Psychoanalytiker, die sich mit religiösen Problemen beschäftigen, zu weiteren aufschlußreichen Einblicken in das Wesen religiöser Prozesse gelangen – trotz aller Herablassung, mit der sie von den offiziellen Religionswissenschaftlern behandelt werden. Wir sind noch weit entfernt von einem genauen Verständnis der religiösen Mysterien. Doch die psychoanalytischen Bemühungen sind ihnen sehr viel näher gekommen als alle vorausgegangenen Ansätze.

## VII

Der Aufsatz *Dostojewski und die Vatertötung* (1928b) wurde als einleitende Studie des Bandes *Die Urgestalt der Brüder Karama-*

---

[1] [übers.:] vom Himmel gefallene Wahrheiten.

*soff* veröffentlicht.[1] Ganz unzweifelhaft war dies der richtige
Platz für eine Untersuchung, die solch originelle und bedeutsame
Einsichten in Leben und Werk des großen Dichters liefert.

In einer Vorbemerkung drücken die Herausgeber FREUD ihren
Dank dafür aus, daß er »speziell für diese Gelegenheit diese äußerst eindringliche Analyse DOSTOJEWSKIS und seiner *Brüder
Karamasoff* verfaßt habe. Bedeutet dies, daß dieser Essay lediglich eine ›Gelegenheitsarbeit‹ ist? Er ist es in mehr als einer Bedeutung. Es steht fest, daß die in diesem Aufsatz ausgebreiteten
Vorstellungen und Reflexionen FREUD schon längere Zeit bewegten, so daß sie jetzt nur noch in eine angemessene Form gebracht werden mußten. Doch während wir es begrüßen, daß
FREUD durch diesen Auftrag gezwungen wurde, seine Vorstellungen schriftlich festzuhalten, würden wir es auf der anderen
Seite vorziehen, wenn sie nicht nur ›speziell für diese Gelegenheit‹ formuliert worden wären. Denn ganz sicher hätte FREUD
sonst noch weiteres Material hinzugefügt, Material, das im Rahmen dieser einleitenden Studie einfach keinen Platz fand. Verschiedene seiner Bemerkungen, die hier wie etwas erzwungene
Interpolationen wirken, hätten dann in breiterem Rahmen entwickelt werden können.

FREUD beginnt seine Darstellung mit einem Tribut an die
»reiche Persönlichkeit Dostojewskis«, an der er »vier Fassaden«
unterscheiden möchte: »den Dichter, den Neurotiker, den Ethiker und den Sünder«. Es ist, als ob FREUD einen Fächer öffnen
würde, um uns die seltsamen Zeichen und Bilder seiner Falten
vor Augen zu führen. Der künstlerischen Persönlichkeit DO-
STOJEWSKIS wird nur sehr wenig Raum gegönnt. FREUD ent-
schuldigt sich dafür: »Leider muß die Analyse vor dem Problem
des Dichters die Waffen strecken.« Wir möchten dies aber nur
für den biologischen Aspekt, also für die Frage, inwieweit künst-
lerische Talente vererbt werden, gelten lassen. Denn die Psychoanalyse kann zum Problem der künstlerischen Kreativität selbst
sehr viel beitragen. Sie kann nicht nur die Wirkung der unbewußt
wirkenden Triebkräfte und psychischen Mechanismen erhellen,
sondern auch Auskunft über die geheimnisvollen psychischen
Prädispositionen geben, die für Konzeption und Form eines

---

[1] Hg. von RENÉ FÜLÖP-MILLER und FRITZ ECKSTEIN, Verlag R. Piper & Co.,
München 1928 (G. W. XIV, Stud. Ausg. X).

Kunstwerks ausschlaggebend sind. Tatsächlich hat sie auf diesem Gebiet schon vieles geleistet. Dabei stellte sich heraus, daß die künstlerischen Produktionsprozesse keineswegs so undurchschaubar sind, wie man lange Zeit angenommen hatte. Trotz allem bleiben sie aber noch geheimnisvoll genug.

FREUD ist der Ansicht, daß DOSTOJEWSKI sich am ehesten in seinem ethischen Verhalten angreifen läßt: »Wenn man ihn als sittlichen Menschen hochstellen will, mit der Begründung, daß nur der die höchste Stufe der Sittlichkeit erreicht, der durch die tiefste Sündhaftigkeit gegangen ist, so setzt man sich über ein Bedenken hinweg . . . Wer abwechselnd sündigt und dann in seiner Reue hohe sittliche Forderungen aufstellt, der setzt sich dem Vorwurf aus, daß er sich's zu bequem gemacht hat. Er hat das Wesentliche an der Sittlichkeit, den Verzicht, nicht geleistet . . .« Nach FREUDS Urteil schwankt DOSTOJEWSKI dauernd zwischen dem Nachgeben gegenüber sündhaften Triebimpulsen und Perioden der Reue.

Auf den ersten Blick scheint dieses Urteil streng aber gerecht zu sein. Schaut man genauer hin, wirkt es zu streng und nicht mehr unbedingt gerecht. Vor allem scheint uns FREUDS ethische Konzeption inadäquat und dubios zu sein. Das kann daran liegen, daß die negative Formulierung einer ethischen Konzeption mehr Wahrheit zu enthalten scheint als der Versuch einer positiven Definition. Wir geben gerne zu, daß das höchste Prinzip der Sittlichkeit nicht darin bestehen kann, daß man abwechselnd sündigt und bereut. Doch wenn man vielleicht früher einmal den Verzicht als einziges Kriterium für moralisches Verhalten bezeichnen konnte, so kann er heute nur eines unter vielen sein. Würde man dieses Prinzip voll anerkennen wollen, dann müßte man den spießigen Mittelklasse-Philister, für den es keinerlei Problem darstellt, sich Normen zu unterwerfen oder auf gewisse Triebwünsche zu verzichten, ethisch weit über DOSTOJEWSKI stellen. Diese Einstellung zum Leben und seinen Versuchungen führt dann zu Leitsätzen wie: »Ein gutes Gewissen ist das beste Ruhekissen.« An sich ist dagegen nichts einzuwenden, doch es erklärt lediglich, warum es so viele träge, stumpfe und selbstzufriedene Menschen gibt; Menschen, die leicht auf alles Verzicht leisten können und so zu jener »erbärmlichen Selbstgenügsamkeit« kommen, die NIETZSCHE immer wieder angriff. Daran läßt sich also erkennen, daß der Verzicht an sich noch nicht als ethisches Prinzip zu werten ist. Er wird dazu erst dann, wenn er mächtigen Triebimpulsen abgewonnen werden muß. Wenn wir ihn zur Definition jenes Kompromisses heranziehen wollen, den wir für gewöhnlich ›sittliches Verhalten‹ nennen, müssen wir die Intensität der Versuchung mit in Betracht ziehen. Wo es keine Sünde gibt, gibt es auch keine Religion. Würde man die Sünde aus der Welt schaffen, könnte die Religion keinen Tag weiterleben (dasselbe gilt natürlich auch für andere Normen und Tabus).

Wir sollten uns gegen zu seichte und konventionelle Urteile wehren; es gilt zu erkennen, daß ethisches Verhalten sich primär im Kampf gegen die verbotenen Triebe zu bewähren hat und keineswegs nur im Sieg über sie besteht. Es kann sein, daß der Kriminelle, der sich nach hartem Kampf seinen ›bösen Trieben‹ überläßt, ethisch höher einzustufen ist als der brave Bürger, der nie in Versuchung geführt wurde. Satan war ursprünglich ein Engel wie alle anderen; und auch nach seinem Fall bleibt er ein großer Theologe vor Gott – und gegen ihn.

Das Prinzip des Verzichts scheint nur auf den ersten Blick einleuchtend zu sein. Doch es wird höchst problematisch, wenn man die verschiedenen Möglichkeiten der Wunscherfüllung und die Gestalt der Triebziele genauer untersucht. Denn unter psychologischen Aspekten kann auch der Verzicht als Wunscherfüllung mit anderen Mitteln betrachtet werden; man verzichtet lediglich auf die materielle Realisierung seines Verlangens und erfüllt sich dafür seinen Wunsch in der Phantasie. Auf diese Weise erreichen die Triebe ebenfalls ihr Ziel, allerdings in sublimerer Form. Das Individuum hat darüber hinaus noch die Genugtuung, nach außen als »moralisch« zu erscheinen, obwohl es seinen Trieben nachgegeben hat.

FREUD vertritt die Ansicht, daß DOSTOJEWSKI auf ethischem Gebiet Kompromisse geschlossen hat, die einem »charakteristischen russischen Zug« entsprechen. In Wirklichkeit ist dieses Verhalten allgemein menschlich. Nur in den Extremen zwischen dem einen emotionalen Zustand und dem entgegengesetzten läßt sich vielleicht eine nationale Eigentümlichkeit erkennen, die aus der Geschichte und dem Schicksal der Menschen zu erklären ist. Der Kampf zwischen den Forderungen der Triebe und den gesellschaftlichen Notwendigkeiten ist in seiner Gestalt und in seinem Ausgang von zeitlichen und kulturellen Bedingungen abhängig. Im Falle DOSTOJEWSKIS haben das Zeitalter und die sozialen Gegebenheiten deutlich erkennbar auf den ›ethischen Kompromiß‹ eingewirkt, der das Verhalten des Dichters bestimmte. Sein ganzes Leben lang stand er unbewußt im Schatten jenes unglückseligen Irrtums, der 19 Jahrhunderte lang die Menschheit in Heilige und Sünder eingeteilt hatte. Er dominierte sein Bewußtsein und erklärt die Hypertrophie seines Gewissens mit jenen extremen Ausschlägen zwischen Sünde und Reue. Wir Kinder eines anderen Zeitalters, das einfacheren Geistern als ›fortgeschritten‹ erscheint, sind unfähig, uns in die Psyche eines Russen aus jener Zeit zu versetzen. Niemand, der nicht in diesem kulturellen Milieu aufgewachsen und dem tiefgreifenden Einfluß russischer Religiosität ausgesetzt gewesen ist, wird die Gefühle und Vorstellungen dieser Menschen wirklich begreifen können. Die Religion fügte den alten Möglichkeiten der Triebbefriedigung noch eine neue hinzu: die Wollust, sich selbst aufzugeben, das Bewußtsein, verdammt zu sein. Es ist einfach unmöglich für uns, die Orgien von Leidenschaft und Leiden nachzuempfinden, die sich als psychologische Konsequenzen aus dieser Einstellung ergaben.

Faktoren dieser Art waren verantwortlich für DOSTOJEWSKIS ›ethischen Kompromiß‹, also für seinen Fatalismus gegenüber den eigenen Trieben und Wunschvorstellungen. Er würde beispielsweise nie zugegeben haben, daß ein Mensch, so moralisch er auch sein mochte, von Versuchungen heimgesucht wird und ihnen auf Dauer widerstehen kann. Auf der anderen Seite nahm er einen noch strengeren Standpunkt als FREUD ein, indem er behauptete, daß bereits das Auftreten verbotener Wunschregungen an sich unmoralisch ist. Er würde den Hinweis von JESUS voll unterstützt haben, in dem es heißt, daß jener, den es nach der Frau des Nächsten verlangt, ein Ehebrecher ist. Dieser extreme moralische Imperativ muß in völligem Fatalismus enden, denn das Sündigen in Gedanken ist einfach unvermeidlich. Die Konsequenz daraus ist, daß die sündige Handlung jegliches Gewicht verliert. Tatsächlich ist es sogar so, daß die intensiven Schuldgefühle sie geradezu verlangen. Denn wer verdammt ist, hat keinen Grund, den breiten Pfad zur Hölle nicht mit größter Wollust zu genießen. Gleichzeitig sollte der Henker allerdings auch nicht erwarten, daß der Verurteilte sich wie ein Schaf zur Schlachtbank führen läßt, nur um ihm keine Unannehmlichkeiten zu bereiten. DOSTOJEWSKIS Leben zeigt, daß Vorstellungen dieser Art sein

Verhalten bestimmten; die Reaktion darauf waren quälende Schuldgefühle und immer neue Versuche, sich durch übertriebene Reue davon zu befreien.

Gegen FREUDS ethisches Ideal – der völlige Verzicht, sobald sich eine Versuchung bemerkbar machte – würde DOSTOJEWSKI eingewandt haben, daß diese Vorstellung in jeder Hinsicht als erhaben und schön zu betrachten sei, doch daß Gott in seinem unergründlichen Ratschluß dem Menschen diese Möglichkeit verwehrt habe. Zahllose Heilige, so würde er argumentieren, sind ein Beispiel dafür, daß Gott jene besonders gnädig aufnimmt, die durch Schuld und Sühne zu ihm gekommen sind. Angesichts der menschlichen Schwachheit wäre ihm FREUDS moralisches Programm als unmenschlich erschienen. Er hätte FREUD wahrscheinlich in die Reihe jener Pharisäer gestellt, die ihre Verdienste Gott gegenüber übertrieben herausstreichen und entrüstet jede Gemeinsamkeit mit dem Rest der sündigen Menschheit zurückweisen.

Von hier aus erschließt sich das Verständnis für DOSTOJEWSKIS Verhalten. Aufgrund seiner psychischen Prädispositionen sah er keine andere Möglichkeit, als sich zur Lösung seines inneren Konflikts den weltlichen und kirchlichen Autoritäten völlig zu unterwerfen. Wir mögen dies bedauern, verdammen können wir ihn dafür nicht. FREUD meint vorwurfsvoll: »DOSTOJEWSKI hat es versäumt, ein Lehrer und Befreier der Menschen zu werden, er hat sich zu ihren Kerkermeistern gesellt; die kulturelle Zukunft der Menschheit wird ihm wenig zu danken haben.«

Es läßt sich nicht bestreiten, daß FEODOR MICHAILOWITSCH DOSTOJEWSKI Obdach in jenen alten Kerkern suchte, die ihm von Kind auf vertraut waren. In Übereinstimmung mit seiner Zeit und seinem Milieu entwickelte er kein Verlangen nach den einladenden neuen Gefängnissen. Er hing an den alten Illusionen und war nicht bereit, sie gegen eine neue einzutauschen, auch wenn sie den verlockenden Namen ›Freiheit‹ trug. Er sah, daß der Fortschritt unbeirrt den falschen Weg verfolgte. Deshalb zog er es vor, sich abseits zu halten. Auch er teilte jenes bewundernswerte Vorurteil, daß die Menschheit einer besseren Zukunft entgegenging. Doch er war der Ansicht, daß ein Leben ohne Religion leer und sinnlos war, so leer und sinnlos wie unsere Wirklichkeit. Er beharrte auf den alten Illusionen – wer möchte ihn dafür tadeln?

»Die kulturelle Zukunft der Menschen wird ihm wenig zu danken haben.« Das dürfte sich als richtig erweisen. Denn die Menschheit der Zukunft wird das Denken als ansteckende Krankheit betrachten, die den Weg zum Glücklichsein verstellt. (Vielleicht wird sie sogar mit einiger Befriedigung feststellen, daß bereits viele der Wissenschaftler unserer Zeit gegen diese schwere Krankheit immun geworden sind.) Doch wie auch immer unsere Vorstellung von der Zukunft aussehen mag, eines ist sicher – die Dankbarkeit wird nicht zu ihren Tugenden zählen. Die Menschen unserer Zeit sind mittelmäßig, mutwillig, unbedeutend, gemein und armselig. Wir wissen, daß sie früher nicht anders waren. Und es gibt keinerlei Grund zu der Annahme, daß sie in Zukunft großzügig, entschlossen, nobel, hilfreich und gut sein werden. Sollten sie es wider Erwarten doch sein, müßten sie DOSTOJEWSKI von Herzen danken, allerdings nicht für die von ihm propagierten religiösen und politischen Ziele. (Am russischen Wesen wird die Welt genauso wenig genesen wie am deutschen.) Denn die Zukunft wird für christliche oder nationale Programme kaum noch Verwendung haben. Doch auch die ethischen Vorstellungen HOMERS, der *Bibel* oder SHAKESPEARES haben für unser Leben keine Bedeutung mehr, und GOETHES politische Ansichten erscheinen uns heute provinziell und antiquiert. Der Schluß seines *Faust* mit seinem sich öffnenden katholischen Himmel kommt uns wie ein Mißklang in einer sonst fast überirdischen Musik vor. Genauso verhält es sich mit SCHILLERS nationalistischen und sozialen Idealen: sie sind heute im besten Fall noch für Heranwachsende von Bedeutung. Ähnlich geht es uns mit dem älteren TOLSTOI, den wir als Dichter und Psychologen wohl verehren, dessen Vorstellungen von einem ›apostolischen Leben‹ wir aber nur noch mit Mitleid und herablassender Toleranz gegenüberstehen.

Es sind nicht die politischen und religiösen Vorstellungen, die einen Mann zu einem großen Dichter machen. Und es kann nicht die Aufgabe der Dichter sein, die Menschheit zu reformieren; sie sind nicht die Wegbereiter einer besseren Zukunft. Denn verglichen mit wirtschaftlichen Potenzen und Munitionsfabriken haben sie keinerlei politische Macht. Jeder kleine Partei- oder Gewerkschaftsboß kann politische und soziale Programme besser und wirksamer vertreten – das Lächeln eines Parteisekretärs ist mächtiger als jede Feder. Jeder Politiker, der den Unterdrückten und Entrechteten zu helfen versucht, hat einen begründeteren Anspruch auf den Titel ›Befreier‹ als die Dichter, die ihr erbärmliches Leben für uns festhalten.

Doch der Dichter kann Gestalten schaffen, in denen wir uns wiedererkennen. Auf der Bühne der Welt entfaltet er das Drama der *condition humaine* mit all seiner Mühsal, Kälte und Dunkelheit, dem Auf und Ab unseres Schicksals. Er versucht, dem Elend des Menschen, seinen absurden Bemühungen und Sehnsüchten einen gewissen Sinn zu geben. Wer anders könnte das tun, als ein von Gott Gesegneter – ein Dichter wie FEODOR MICHAILOWITSCH DOSTOJEWSKI, dessen politische und religiöse Ideen uns heute so abstrus, begrenzt und naiv erscheinen. Die zukünftige Menschheit, die ihm auf politischem und sozialem Gebiet nichts zu verdanken haben wird, sollte ihm aber für die Schaffung jener Gestalten danken, deren schrecklicher und in sich ruhender Geist uns bis in die Tiefe unserer Seele erschüttert. Mit ihnen eröffnet er den Menschen der Zukunft fast visionäre Einsichten und vermittelt ihnen so wunderbare und zugleich extreme Emotionen wie sonst keiner. Seine religiösen und politischen Überzeugungen haben keinerlei Bedeutung mehr – sein Gott ist schon lange entthront. Doch das Gebet, das sein schöpferischer Geist hervorbrachte, wird mächtiger sein als alle Gebete, die er an den christlichen Gott richtete. Dieses Gebet lautet in den Worten der von HRABANUS MAURUS geschaffenen Hymne:

Veni, creator spiritus:
. . . Accende lumen sensibus[1]

FREUDS kritische Haltung gegenüber DOSTOJEWSKI, für den er, wie er selbst zugibt, keine besondere Zuneigung empfindet, wird objektiver und gerechter, wo er von ethischen Wertungen absieht und sich auf psychoanalytische Betrachtungen beschränkt. Hier versteckt er sich nicht mehr hinter Umschreibungen, sondern vermittelt uns auf meisterhafte Weise Einblicke in das emotionale Leben des großen Dichters. Die ethisch-philosophischen Differenzen werden ebenso bedeutungslos wie die zeitbezogenen und kulturellen Besonderheiten. Vor uns steht ein nackter Mensch, den der Sturm auf Prosperos Insel verschlagen hat, wo seine ge-

---

[1] [übers.:]      Komm Schöpfer, Heiliger Geist
                   . . . Erleuchte, Licht, die Sinne

heimsten Gedanken erkannt werden. Wo FREUD als Psychologe und nicht mehr als Moralist reflektiert, spielen zeitbezogene Normen oder die christlichen Gebote keine Rolle mehr. Jetzt steht allein der Mensch im Mittelpunkt seiner Betrachtung; ein Mensch, der an der Unzulänglichkeit der menschlichen Existenz leidet und dessen Genius in den Beschränkungen seines Milieus gefangen ist.

Nur zufällig steht im Zentrum von FREUDS Studie ein großer Dichter. Ein solches Untersuchungsobjekt hat den Vorteil, daß darüber normalerweise mehr biographisches Material zur Verfügung steht als im Falle eines ›Alltagsmenschen‹. Allerdings können die Selbstdarstellungen einer solchen Gestalt oft mehr verdecken als enthüllen. Bewußt taucht sie einzelne ihrer Lebensbereiche in grelles Licht, um dadurch andere desto tiefer im Schatten versinken zu lassen.

FREUDS Analyse zeigt, daß der Schatten des Vaters sich schwer auf den leicht zu beeindruckenden Knaben legte, wodurch die Art und der Verlauf von dessen Krankheit bestimmt wurden. Des Vaters mysteriöser Einfluß beherrscht sein Leben und sein Werk. Es war diese Kraft, die ihn in die tiefsten Tiefen und auf ekstatische Höhen trieb. Mit wenigen Strichen zeichnet FREUD ein Bild von der psychischen Entwicklung dieses Mannes, enthüllt die Ursachen seiner Krankheit und die Bedeutung seiner Symptome. Diese analytische Studie FREUDS hat mehr Licht auf DOSTOJEWSKIS Wesen geworfen als alle Bemühungen der Biographen und Literaturkritiker.

Der Höhepunkt in FREUDS Darstellung ist die analytische Erklärung der epileptischen Anfälle des Dichters. FREUD zeigt, wie sich ein nach außen gerichteter mächtiger Triebwunsch gegen den Betreffenden selbst wenden kann; im epileptischen Anfall attackiert das ›andere Selbst‹ das Ego, wobei der gegen den Rivalen gerichtete Todeswunsch zum Erlebnis des eigenen Todes führt.

Von diesem Punkt an weitet sich die Analyse aus und nähert sich behutsam dem zentralen Thema, dem inneren Wesen dieser Persönlichkeit. Dabei gelingt es FREUD, die lang gesuchte Erklärung für die dämonischen Elemente in DOSTOJEWSKIS Leben und Werk zu finden. Er sieht ihren Ursprung im verborgenen Widerspiel emotionaler und bewußtseinsmäßiger Kräfte. Der Dämon ist dem Ego keineswegs fremd, sondern diesem nur »entfremdet«. Die dämonischen Impulse tauchen nicht aus dem Nichts auf, sondern sind Ausdruck unterdrückter Triebe und Tendenzen, die in bestimmten Situationen ihren Einfluß geltend machen. Auf diese Weise wird auch die innere Verwandtschaft von DOSTOJEWSKIS Schicksal und dem seiner Gestalten klarer. In beiden findet derselbe Kampf zwischen elementaren Trieben und Gewissensinstanzen statt; es ist die Fortsetzung jener früheren Auseinandersetzung zwischen dem noch schwachen Ego und den Kräften der Außenwelt.

FREUD erkennt hellsichtig, auf welche Weise Konflikte dieser Art mit den religiösen und nationalistischen Überzeugungen des Dichters verzahnt sind, auch wenn sich auf den ersten Blick keinerlei Beziehungen feststellen lassen. Er zeigt uns, wie sich diese sowohl in der Persönlichkeit des Dichters wie auch in seinen Gestalten auswirken, denn die letzteren sind nichts anderes als Repräsentanzen der im Ego vorhandenen Möglichkeiten bzw. Weiterentwicklungen der im Ego erkennbaren Ansätze. FREUD weist auf die Verwandtschaft von Ödipus, Hamlet und der Brüder Karamasoff hin, die seiner Meinung nach nichts anderes als Facetten desselben latenten Inhalts sind. Er fördert dadurch ganz wesentlich unser Verständnis der elementaren Triebe, die das menschliche Leben bestimmen, unabhängig von zeitlichen, kulturellen, rassischen oder individuellen Bedingungen. Diese Gesetzlichkeiten waren uns lange Zeit völlig verschlossen; durch FREUDS Bemühungen treten sie nun aber immer deutlicher vor unsere Augen.

Der letzte Teil der Studie enthält eine höchst interessante Interpretation von DOSTOJEWSKIS Spielleidenschaft. FREUDS überraschende und überzeugende Theorie stellt zwischen dieser Sucht und dem Masturbationszwang einen Zusammenhang her: »Das ›Laster‹ der Onanie ist durch das der Spielsucht ersetzt.« Beide sind zwanghaft, gegen beide kämpft das Individuum vergeblich an. Diese Beobachtung beleuchtet einen komplexen und seither kaum verstandenen Aspekt von DOSTOJEWSKIS Leben. Zwischen diesem Teil und dem vorausgegangenen Hauptthema scheint es einen etwas abrupten Übergang zu geben. Auf den ersten Blick scheint es, als ob der Autor ohne Rücksicht auf den inneren Zusammenhang einfach seinem Interesse gefolgt wäre. Doch dann erkennt man, daß es durchaus einen inneren Zusammenhang zwischen diesen beiden Themenkreisen gibt. Denn auch die Versuche, den Zwang zur Masturbation unter Kontrolle zu bringen bzw. zu unterdrücken, haben ihren Ursprung in der Furcht vor dem Vater. Freud weist am Ende dieses Teils ganz kurz auf diesen Zusammenhang hin.

Unglücklicherweise bricht Freud die Analyse an diesem Punkt ab. Hätte er sie fortgesetzt, wäre er meiner Überzeugung nach dazu gekommen, die Gemeinsamkeiten zwischen Motivierung und Mechanismen der Spielsucht und gewisser Zwangssymptome herauszustellen. Das Glücksspiel, das seinen Endzweck nie allein im materiellen Gewinn hat, ist letzten Endes eine Frage an das Schicksal. Es wird zu einer Art Orakel, das die moderne Psyche bereitwillig akzeptiert, obwohl diese latente Bedeutung nicht bewußt wird. Wenn man sich daran erinnert, daß das ›Schicksal‹ das letztliche Vater-Surrogat ist, dann wird die Signifikanz dieses unbewußten Prozesses sehr deutlich. Ursprünglich wollte das Individuum herausfinden, ob sich seine Erwartung des Bösen bewahrheitet oder nicht. Mit anderen Worten: es wollte erproben, ob die angedrohte Bestrafung wirklich durchgeführt oder ob der erzürnte Vater dem Sohn vergeben würde.

Gewinn bzw. Verlust beim Spiel sind symbolische Antworten auf diese Fragen. Und die Beachtung der Spielregeln kann als psychologisches Äquivalent für den Gehorsam gegenüber neurotischen Zwangssymptomen gewertet werden. Die Ungewißheit hat dabei genau dieselbe Rolle wie bei allgemeinen Zwangskomplexen. Bei einem Spiel wie Patience läßt sich dieser Orakelcharakter ebenfalls deutlich erkennen. Doch es gibt auch Spiele, bei denen das zwanghafte Element verdeckt ist, so daß es allein um ›das Gewinnen‹ zu gehen scheint.

Obwohl wir bereits festgestellt haben, daß diese Studie die wertvollsten psychologischen Aufschlüsse über Dostojewskis Leben und Werk enthält, müssen wir hier noch einige kritische Bemerkungen anschließen. Die erste richtet sich gegen den eben diskutierten Teil dieser Arbeit. Freud verweist darin auf eine Novelle von Stefan Zweig, in der sich eine Gestalt findet, die wie Dostojewski von der Spielsucht besessen ist. Außerdem hat sich Freud in seiner Arbeit *Drei Meister* (1930) ebenfalls mit Dostojewski beschäftigt. Diese Übereinstimmungen könnten vielleicht Freuds Abschweifung an sich erklären, doch keineswegs deren Länge. Freud, der sonst sein Material auf höchst ökonomische Weise gliedert, verwendet hier vier von 26 Seiten – also bald ein Sechstel – auf eine zusammenfassende Nacherzählung von Zweigs Novelle. Bei allem gebührenden Respekt gegenüber Zweigs literarischen Verdiensten muß hier doch von einem Mißverhältnis in der Proportion gesprochen werden. Das ist, als ob ein mittelalterlicher Künstler die Passion Christi darstellt und im Vordergrund den Bischof seiner heimatlichen Diözese abbildet.

Es gibt noch einen Einwand, der jedoch genauso geringfügig sein dürfte wie der vorangegangene. Freud unterscheidet an Dostojewski vier ›Fassaden‹: den Dichter, den Neurotiker, den Ethiker und den Sünder. Hätte er jedoch nicht auch noch eine fünfte ›Fassade‹, die des großen Psychologen, berücksichtigen müssen? (Vielleicht ist diese für Freud im Persönlichkeitsaspekt des Dichters enthalten, doch dann wäre ein Hinweis dieser Art recht wünschenswert.)

Wir leben in einer Zeit, in der jeder mittelmäßige psychotherapeutische Praktiker die Seele für ein offenes Buch hält. Und jeder Assistent einer neurologischen Klinik, der mit glücklicher Sorglosigkeit und ohne jedes Einfühlungsvermögen Freud gelesen hat, lebt in dem unerschütterlichen Glauben, die menschliche Psyche in- und auswendig zu kennen. In einer solchen Zeit wäre es unserer Ansicht nach höchst angebracht gewesen, wenn der große Psychologe dem großen Dichter, dem er so viele Einblicke in die menschliche Seele verdankte, seinen Gruß entboten hätte. Ein Gruß von der eigenen in die fremde Einsamkeit.

Der drängende und komprimierte Stil der Darstellungsweise macht sich, genau wie in den vorausgegangenen Arbeiten, auch in dieser Studie bemerkbar. Da er jedoch auf den Inhalt abgestimmt ist, bleibt er trotz seiner Kompaktheit leicht verständlich und gut lesbar. Viele der hier gesammelten Erkenntnisse sind für immer in mein Bewußtsein geprägt, da sie in einer Sprache formuliert sind, in der Bündigkeit des Ausdrucks, gedankliche Weite, Kraft und Zartheit, Direktheit und Assoziationsreichtum eine seltene Verbindung eingegangen sind.

Als bestimmender Eindruck bleibt schließlich, daß sich diese Studie Freuds in der wissenschaftlichen Literatur über Dostojewski einen ehrenvollen Platz erkämpft hat – und mehr als das. Denn ein solches Eindringen in die tiefsten psychischen Schichten, ein solches Enthüllen der einzigartigen verborgenen Trieb-

und Motivationsstruktur eines Mannes, verbunden mit allgemeinen Einblicken in die menschliche Psyche – solche Visionen sind in der angewandten Psychologie etwas völlig Neues und sie sind erst durch die Entdeckung der psychoanalytischen Prinzipien möglich geworden.

# Die Briefe Freuds
## an Theodor Reik

Die folgenden Seiten enthalten alle Briefe FREUDS[1], die sich noch
in meinem Besitz befinden (ausgenommen natürlich jene, die an
anderer Stelle dieses Buches veröffentlicht werden). Viele seiner
Briefe an mich sind verlorengegangen, so beispielsweise auf meiner Flucht vor den Nazis. Leider war darunter auch der längste
und wahrscheinlich persönlichste Brief, den er mir je geschrieben
hat. Er beschäftigte sich mit meiner Studie über GOETHE und
Friederike [BRION], die ich in der von FREUD herausgegebenen
psychoanalytischen Zeitschrift *Imago* 1929 veröffentlicht hatte.
FREUD nannte diese Monographie (sie wurde später als Buch veröffentlicht und ist heute Teil meines *Fragment of a Great Confession*) mutig und korrekt in der analytischen Durchdringung
und den Schlußfolgerungen. Er kritisierte allerdings, daß ich die
analytische Erhellung der unbewußten Motive GOETHES von der
Ego-Seite her vernachlässigt habe. Darauf folgte die Diskussion
einiger unbeachtet gebliebener Charakterzüge in GOETHES Persönlichkeit. Ich erinnere mich nur noch daran, daß FREUD die
einzigartige Aufrichtigkeit und Direktheit des großen Dichters
seiner Reserviertheit und Diskretion auf anderen Gebieten ge-
genüberstellte. Während er auf der einen Seite nicht zögerte, seine Romane, Dramen und Gedichte als »Fragmente eines großen
Bekenntnisses« zu gestalten, zeigte er in gewissen Bereichen seines
persönlichen Lebens eine merkwürdige Verschlossenheit; selbst
seine engsten Freunde hatten hier keinen Zutritt. In den letzten
Zeilen dieses Briefs sprach sich FREUD recht lobend über meine
Arbeit aus und äußerte zugleich die Hoffnung, daß ich meine
kreative Forschungtätigkeit fortsetzen würde. Als die Nazis das
Archiv des Psychoanalytischen Verlags in Wien konfiszierten,
fiel ihnen auch dieser Brief in die Hände, den ich dem Verlag zum
Abdruck zur Verfügung gestellt hatte. Er scheint unwieder-
bringlich verloren zu sein.
Ich habe in den folgenden Briefen natürlich alle Bemerkungen

---

[1] ANNA FREUD hat die handschriftlichen Briefe ihres Vaters, die hier originalgetreu
abgedruckt sind, für uns überprüft, wofür wir ihr herzlich danken. (Anm. d.
Red.)

über andere Psychoanalytiker und über Patienten eliminiert. Außerdem wurden einige Sätze über andere noch lebende Personen gestrichen. Ich hielt es allerdings für unangemessen, FREUDS kritische Anmerkungen zu meinen eigenen Schwächen und Fehlern zu unterschlagen. Wann immer er kritische Bemerkungen zu machen hatte, tat er das mit so viel offensichtlichem Wohlwollen und in einer Form, daß er fast nie meine Gefühle verletzte. Ich erinnere mich, wie er manchmal sagte: »Es macht mich traurig, daß Sie dieses oder jenes getan oder geschrieben haben.« Dabei betonte er fast immer, daß er große Erwartungen in mich setzte und zugleich wünschte, ich würde über mehr Mäßigung und Selbstkontrolle verfügen. Bei den wenigen Anlässen, die es erforderlich machten, mich zu tadeln, sprach oder schrieb er ganz offen und ohne ein Blatt vor den Mund zu nehmen.

Es ist mir unvergeßlich, daß er immer wieder seinem Glauben Ausdruck gab, ich wäre zu wertvoller psychoanalytischer Forschungsarbeit befähigt; er äußerte auch (im Gegensatz zur Meinung vieler Mitglieder der *New York Psychoanalytic Association*) die Überzeugung, ich hätte ein besonderes Talent für die psychoanalytische Praxis. In Lob und Kritik, in seinen Ermutigungen und seinen Ermahnungen war er der große Pädagoge, dessen Worte unauslöschliche Spuren in meiner Erinnerung hinterließen. Ich brauche hier nicht besonders auf den persönlichen Stil seiner Briefe hinzuweisen, denn jede einzelne Zeile beweist, welcher Art jener Mensch war, der sie geschrieben hat.

Die ersten in meinen Besitz gelangten Zeilen von ihm stammen von einem undatierten Bogen Papier (wahrscheinlich von 1911) und beziehen sich auf einen Aufsatz über Psychoanalyse, der in der deutschen Zeitschrift *März* von mir erschien:

Vortrefflich geschrieben u. sehr gut komponirt wie das Meiste was ich von Jhnen gelesen habe. Man wird aber sagen: ein »erbitterter« Anhänger u. damit erledigt.

herzlich. Gruß Freud

[Der Anfang des Briefes vom 13. November 1913 wird in der Einleitung meiner Anmerkungen zu einer Vorlesung Freuds zitiert, die nicht veröffentlicht wurde. Die Fortsetzung des Briefs bezieht sich auf den Entwurf einer Rezension, die ich über einen Aufsatz des deutschen Psychiaters E. W. schreiben wollte. Ich warf dem Autor vor, daß er in seiner Arbeit über Hamlet Aufsätze von OTTO RANK und ERNEST JONES plagiierte. FREUD äußerte sich recht kritisch zu meiner Rezension:]

. . . Das Feuilleton kann ich hingegen nicht loben. Es ist zu grob, bissig u. enthält eine überflüssige Verdächtigung. Ich schlage Jhnen folgende Disposition vor:

W.'s Aufsatz viel Aufsehen gemacht als Vertretg. der . . . angesehen. Dazu einige Bemerkungen:

W. theilt mit, daß er die *Arbeiten* v. R. u. J. nicht gelesen. [Volles Zitat]

Kritik: Das darf man *vor* seiner Arbeit, aber nicht bei der Publikation – nach seiner Arbeit muß man lesen u. sich erkundigen. Zu bequemes Mittel sich über andere hinwegzusetzen. Nun die Frage: Hat diese Vorsicht W. etwas genützt? . . .«[1]

1 Nov 13

Lieber Herr Doktor

Jch bitte Sie eine Arbeit zu unternehmen, die Sie hoffentlich nur eine Stunde kosten wird.

Jch habe mich dazu bewegen lassen, einer franz. Unternehmung »Nos contemporains« Stoff für eine Biographi und ein Portrait zu liefern. Der betreffende Artikel ist aber so dumm ausgefallen daß ich ihn beanstandet habe, worauf der Redakteur mir nahe gelegt, den Text selbst zu schreiben. Das ist mir nun sehr zu wider. Jch denke aber, Sie würden es leicht zu Stande bringen, mit Benützung der Vorlage und meinen Ausstellungen daran einen entsprechenden Aufsatz zu schreiben, der das für die Leser wesentliche hervorhebt, ohne den Eindruck der Reklame zu machen, geschmackvoll bleibt und dabei richtig ist . . .[2]

[Die kritischen Bemerkungen und Korrekturen zu diesem französischen Artikel sind von biographischem Interesse:]

. . . Der Umfang wird wol den des franz. Textes nicht viel überschreiten dürfen. Zu subjektiv, für das Publikum ohne Jnteresse –

Über Schlaf habe ich nichts gesagt. Soviel ich weiß, habe ich

---

[1] Der Schluß des Briefes fehlt. (Anm. d. Red.)
[2] Der Schluß des Briefes fehlt. (Anm. d. Red.)

gerade dies gethan, eine vollständige Theorie des Traumes gegeben. Ob sie »definitiv« ist, kann ja nur die Zukunft entscheiden.

So schmeichelhaft dies ist, so muß ich doch wiederholen, daß ich die Darlegung persönlicher Beziehungen in einem solchen Artikel für unangemessen halte.

Warum nur quelques années? Es handelt sich um das reguläre Studium der Medizin. Es gibt keine solche Prüfung. Es soll lauten: habilitirte sich als Privatdozent für les mal nerv.

Unrichtig. Jch bin seit 1886 praktischer Arzt u. bin es heute noch.

1902 wurde ich Titularprofessor.

Ganz unverständlich. Nachdem ich zu einer Gründungsfeier der *Clark University* in *Worcester*, Mass. dort Vorträge gehalten hatte, erhielt ich den Titel eines Ehrendoktors L.L.D.

Ich bitte die deutschen Namen neben die französischen zu setzen.

a) Zur Auffassung der Aphasien.

b) Die Zerebralen Kinderlähmungen
   einzuklammern als Zusatz zum vorigen.
   Studien über Hysterie mit *J. Breuer.*

c) Die Traumdeutung – L'analyse d.n.

d) Zur Psychopath. des Alltagslebens.

e) Der Witz und seine Beziehung zum Unbewusten l'inconscient

f) Drei Abhandlungen zur Sexualtheorie.

g) Kleine Schriften zur Neurosenlehre. 3 Bände 1906–1913

h) Der Wahn und die Träume . . . etc.
   Totem und Tabu. Übereinstimmungen im Seelenleben der Wilden und der Neurotiker (Le Totem et le Tabou. Quelques concordances entre la vie psychique des peuples sauvages et des névroses).
   le »Jnternat. Zeitschrift f. ärztliche Psychoanalyse«, le journal »Jmago« destiné à l'application de la psychoanalyse aux sciences non-médicales, et la collection des »Schriften zur angewandten Seelenkunde«.

Die von ihm (mir) geschaffene Spezialwissenschaft der »Psychoanalyse« wird von zahlreichen Gesellschaften in Deutschland, England u. Amerika gepflegt und steht im Zentrum der diskussionen in der ärztlichen Welt. Sie hat eifrige Anhänger und heftige Gegner in allen Ländern gefunden. Die auf sie gegründete Methode zur Behandlung der Nervöskranken wird bereits von

vielen Ärzten geübt, ebenso macht die Anwendung der Psychoanalyse auf Mythologie, Paedagogik, Religionswissenschaft und
Kulturgeschichte rasche Fortschritte.

[Offensichtlich unzufrieden mit der Übersetzung der falsch verstandenen Titel seiner Bücher, schlug FREUD selbst einige Ände-
rungen vor. Ich verfaßte den Aufsatz und übersandte ihn
FREUD.]

17. XI. 13

Lieber Herr Doktor

Jch schicke Jnen das Blatt zur Correktur und gef. Weiterbeför-
derung an Mr. Clement Deltour Wien I Hotel Bristol.

Herzlich Freud

Sollte nicht das *Jahrbuch* erwähnt werden das ich vom nächsten Termin an ganz übernehmen werde, so daß Bl. u. J.[1] nicht
genannt zu werden brauchen?

[Ich weiß nicht, ob das Werk *Nos contemporains* je veröffentlicht wurde.]

1. Jan 14

Lieber Herr Doktor

Die Beschäftigung der letzten Woche vor Weihnachten u. meine
darauffolgende Abreise hat meinen Dank für die Widmung Jhres
schönen Buches und die Beantwortung Jhres Briefes verzögert.

Nun habe ich zu sagen: Glauben Sie doch nicht, daß ich Heller
etwas Unvorteilhaftes über Sie verraten habe. Er hat mir die Ein-
wendungen gegen Sie aus seiner Erfahrung mitgeteilt, und ich
mußte bestätigen, nachdem ich Sie lange verteidigt hatte. Jch
hätte gerne widersprochen. Heller ist ein rabiater Mensch u. hat
offenbar nach dem Grundsatz gehandelt: Werft's ihn hinaus, er
bricht mir das Herz. Ein schlechter Kerl ist er gewiß nicht.

Jch würde mich freuen, wenn Sie aus diesen Erfahrungen lern-
ten anstatt sich darüber zu kränken. Jhr Talent, das ganz unzweifelhaft ist, wird diese schlechten Jahre überstehen. Wenn ich zur
Beschleunigung dieses Ablaufes etwas thue so wird es aus innerem Bedürfnis geschehen.

Vielleicht haben Sie eine Portion masoch. Schuldbewustseins

---

[1] gemeint sind BREUER und JUNG (Anm. d. Red.)

in sich zu bekämpfen, welches Sie nötigt, sich manchmal Günstiges zu verderben.

Mut und Glückauf im Jahre 1914
Jhr herzlich ergebener Freud

[Das FREUD gewidmete Buch war *Arthur Schnitzler als Psychologe*, das 1913 herauskam. Zur Erklärung bestimmter Abschnitte des vorausgegangenen Briefs: Ich war damals sehr arm, und FREUD hatte mir bei dem Wiener Buchhändler und Verleger WILHELM HELLER, bei dem gerade *Totem und Tabu* erschienen war, Arbeit verschafft. Zu jener Zeit suchte FREUD fast täglich HELLERS Buchladen auf. Ich saß in HELLERS Büro, las und besprach Neuerscheinungen, redigierte Monatsbroschüren usw. Aus irgendeinem Grund muß ich meinem Chef mißfallen haben, der leicht zu erregen war und vor dessen Wutausbrüchen ich Angst hatte. Während unseres Konflikts hatte FREUD meine Partei ergriffen. Er verteidigt in diesem Brief HELLER gegen Beschuldigungen von meiner Seite, indem er dessen Verhalten durch eine bekannte jüdische Anekdote zu erklären versucht: Ein Schnorrer (Bettler) beschreibt Rothschild höchst farbig die Armut und das Elend, in dem er und seine Familie leben müssen. Der Millionär ist tief gerührt und vor Mitgefühl schluchzend ruft er seinen Butler und befiehlt: »Werft's ihn hinaus, er bricht mir das Herz!« Kurze Zeit danach verließ ich Wien und zog nach Berlin, um meine analytische Ausbildung zu beenden.]

20. 4. 14
Lieber Herr Doktor
Jch bin sehr einverstanden damit, wenn Sie das Referat über den Sexualkongreß für uns übernehmen wollen, würde es auch gerne sehen, daß Sie bei der neuen Zeit. f. Sexualforschung das Referat über Psychoanalyse an sich reißen, das Sie allerdings mit Mäßigung führen müßten.

Mit herzlichen Wünschen für Jhr Gedeihen in Berlin
Jhr Freud[1]

---

[1] Ein von Reik in Englisch veröffentlichter Brief vom 14. Juni 1914 existiert nicht mehr im deutschen Original. Wir haben daher auf die Wiedergabe verzichtet. (Anm. d. Red.)

101

Karlsbad 15. 7. 14

Lieber Herr Doktor

Jch habe jetzt gleichzeitig Nachricht von Abraham und Ihnen selbst über Jhre interessante Person u. bin natürlich unzufrieden damit, daß Sie sich die letzte Zeit durch soviel neurotischen Unsinn verdorben haben. Vor allem also habe ich Jhnen durch die Wiener Bank 200 Mk für die letzten 4 Monate schicken lassen. Jch hatte nicht vor die besprochene Subvention einzustellen, nahm aber an, daß Sie nach Berlin geflüchtet waren um sich solcher Pensionirung zu entziehen u. hoffentl. durch die Abmachung mit Abraham Ihren Hungerscherzen ein Ende zu machen. Es bleibt also alles bestehen u. Sie laßen sich nicht abhalten, alles andere zu thun das Sie u. Jhre Frau in kurzer Zeit zu bürgerlichen behagen bringen kann. Jhre Couvade hat uns wirklich sehr gefallen. Jch setze bedeutende Hoffnungen auf Sie u. bin gerne bereit, Sie unbarmherzig zu kritisieren obwohl ich es für untunlich halte ähnliche Kontrolle in der Zeitschrift an Autoren zu üben, die es weniger dringend verlangen. Eine unerträgliche Monotonie wäre die Folge davon und die Flucht so vieler beitragender in die Konkurrenzorgane zu einer Zeit, wo unser Journal den Kampf um seine Behauptung noch nicht bestanden hat.

Jhre Bemerkung über das Verhalten der neurotischen Charaktertypen zur Psychoanalyse ist interessant, wir wollen das weiter verfolgen.

Abraham wollen wir es nicht vergessen, daß er Sie in Analyse genommen hat. Er ist doch ein erfreulicher, ganzer Mensch. halten Sie sich nur an ihn, wenn Sie in Berlin bleiben müßen, was für Jhre Zukunft vielleicht kein Unglück wäre. Man muß ja nicht immer zusammenkleben, wenn man zusammen gehört.

Mit herzlichen Grüßen auch für Jhre Braut — oder Frau? - Jhr ergebener Freud

[Dr. KARL ABRAHAM hatte vorgeschlagen, mich zu analysieren, natürlich ohne Bezahlung. FREUD hatte ohne mein Wissen mit ABRAHAM verabredet, dieser solle mir, wann immer ich es benötigte, Geld zukommen lassen. Ich hatte zu sparen versucht, indem ich meine Mahlzeiten einschränkte, und fühlte mich oft hungrig. Die andere Anspielung in FREUDS Brief bezieht sich auf meine Bitte, er solle meine Arbeiten gnadenlos kritisieren, da ich das Beste erreichen wollte, wozu ich fähig wäre – Ausdruck meines Drangs zum Perfektionismus, der mich damals beherrschte. Ich heiratete im August 1914.]

17. 5. 14

Lieber Herr Doktor

Sie wissen, ich hätte den Artikel nie geschrieben, aber ich finde mich auch nicht berechtigt, etwas daran zu ändern.

Jhre angekündigten Beiträge werden sehr willkommen sein. Schicken Sie nur alles an Rank, der es mir dann zum Lesen gibt.

Mit dringenden Wünschen für Jhr Gedeihen in Berlin (wo Sie nicht einsam zu sein scheinen)

Jhr herzlich ergebener Freud

[OTTO RANK war der Herausgeber der *Imago*. Die in Klammern gesetzte Neckerei bezieht sich auf die Anwesenheit meiner Braut in Berlin.]

Karlsbad, 24. 7. 14

Lieber Herr Doktor

Jhrem Bedürfnis nach unnachsichtiger Kritik bin ich nachgekommen, indem ich Sie bei Ferenczi wegen verschiedener Unarten in Jhren Referaten verklagt habe. Jn dem über Pfister beanstandete ich das – »à qui le dites-vous« –. Das ist ein jüdischer Witz, zu gut für diese Gojim, u. macht einen schlechten Eindruck. Mit dem Sachlichen Jhrer Kritik bin ich natürlich überall einverstanden.

Jch habe bei Pfister wegen seines (mir unterschlagenen) Aufsatzes in der theol. Literaturzeitung angefragt u. daraufhin den Aufsatz selbst u. diesen Brief bekommen, um dessen Rücksendung ich Sie bitte. Vielleicht daß Sie sich durch ihn zu einer verständnisvolleren Kritik der armen, zwischen Ober- u. Unterwelt irrenden Pastorsseele bewegen lassen.

Mit herzlichem Gruß
Jhr Freud

[FREUDS kritische Bemerkung bezieht sich auf eine Rezension, die ich für das *Zentralblatt für Psychoanalyse* über die Arbeit eines unserer Schweizer Mitarbeiter, eines Pfarrers, geschrieben hatte. Ich hatte mich darin über den Autor lustig gemacht, der seinen Lesern zu erklären versuchte, daß die Psychoanalyse sich nicht nur mit unterdrückten sexuellen und aggressiven Tendenzen, sondern auch mit unbewußten moralischen Impulsen beschäftigt. Die französische Phrase »à qui le dites-vous?« (»wem sagen Sie das!«) ist in diesem Zusammenhang natürlich sarkastisch. Dr. S. FERENCZI war Herausgeber der *Zeitschrift für Psychoanalyse*.]

27. 9. 14

Lieber Herr Doktor
Kleinpaul, das Fremdwort im Deutschen
– Sammlg. Göschen 1905 –

a). p. q. denn das Heiopopeio ist ein altgriechisches Wiegenlied, das einst eine Prinzessin vom griechischen Kaiserhof in Konstantinopel nach Süddeutschland verpflanzt hat, nämlich der Refrain εὐδέμον παιδίον, εὐδέμον παῖ, also eigentlich so viel wie: Schlaf, Kindlein, schlaf!

b). Mit Rosen bedacht,
mit Näglein besteckt
Sind »Näglein« nicht vielmehr »Nelken«
Diese zwei Bemerkungen möchte ich Jhnen zum Aufsatz über die Wiegenlieder zur Verfügung stellen.

Herzlich grüßend Freud

[FREUDS Bemerkungen beziehen sich auf einen Aufsatz über Wiegenlieder, den ich nicht veröffentlichte. »Heiapopeia« kommt im Refrain eines deutschen Wiegenlieds vor. In BRAHMS' Wiegenlied hatte ich die »Näglein« für kleine Nägel gehalten.]

15. 11. 16

Lieber Herr Doktor
Jch gratulire zum Avancement u. bestätige dankend den Empfang des Mnskr. das bereits in die Redaktionsmappe gewandert ist, um von dort aus, sobald der schleppende Betrieb es gestattet, in die Druckerei zu kommen. Der Beitrag ist originell, enthält etwas, was sich hören läßt, u. hat mich sehr erfreut. Ich bestätige gerne, daß sich Jhre Produktion trotz des Krieges schön entwikkelt hat.

Mit herzl Gruß Jhr Freud

[Ich diente während des I. Weltkriegs in der österreichischen Armee und war gerade zum Leutnant befördert worden.]

7. 11. 18

Lieber Herr Doktor

Jhre Arbeit erscheint mir wieder sehr scharfsinnig und vollberechtigt in der Deutung. Jch freue mich, Sie auf so fruchtbaren Wegen zu finden. Nur die Anordnung ist diesmal besonders undurchsichtig, und der Umstand, daß der Aufsatz für Nicht-Analytiker geschrieben ist, findet zu wenig Berücksichtigung.

Telephoniren Sie mir doch gleich nach Erhalt dieses, damit wir eine Besprechung vereinbaren.

Jhr Freud

[Ich kann mich nicht erinnern, auf welchen Aufsatz FREUD sich hier bezieht.]

11. Juli 19

Lieber Herr Doktor

Der Moses, den ich jetzt gelesen habe, ist sehr scharfsinnig u. überzeugend und gibt nur zu einem Misverständnis Anlaß. Man wird verleitet zu glauben, daß einmal eine Auflehnung des Sohnes stattgefunden hat, in der der Vatertotem durch den Sohnestotem ersetzt wurde. Das scheint unmöglich, denn der Totemismus ist durchaus Vaterreligion u. die Sohnesreligionen fangen erst später an, nachdem längst der Menschgott eingesetzt ist u. vom Totem nur mehr Spuren übrig sind. Es muß also sein, daß ein späterer Sohnesputsch sozusagen rückphantasiert in totemist. Sprache erzält wird. Alles andere bleibt aufrecht.

Auch aus dem Wechsel von Stier u. Widder würde ich nicht auf einen Totemtausch schließen. Dergl. ist ganz unverbürgt, sondern wahrscheinlicher handelt es sich um Zusammenziehung der Mythen von zwei Stämmen mit verschiedenem Totem.

Jndem ich Jhnen einen guten Sommer wünsche

Herzlich Jhr Freud

[Der Aufsatz über Moses findet sich in meinem Buch *Das Ritual*, das 1919 mit einem Vorwort von FREUD veröffentlicht wurde.

Seefeld 26. 8. 21

Lieber Herr Doktor

Jch anerkenne die Berechtigung aller Jhrer Forderungen. Die erste, nach einem geeigneten Kasten ist wol am leichtesten zu erfüllen. Verschaffen Sie sich den, Jch werde Jhnen bei meiner Rückkehr das Geld anweisen. Die Schreibmaschine ist auch nur eine Geldfrage; wenn Sie eine gebrauchte auftreiben und mir einen nicht zu hohen Preis dafür nennen können, steht dieser Anschaffung nichts im Wege. Jch erwarte also Jhren Voranschlag für beide Ausgaben.

Schwieriger steht es mit dem dritten Punkt. Jch glaube doch, daß sich die Zeitschriften von Berlin aus am ehesten bewältigen lassen. Nun findet Ende Sept. eine Zusammenkunft statt die wesentlich über technische u. materielle Fragen entscheiden soll, an der auch unser Geldgeber Dr. Eitingon Abraham u. Jones teilnimmt. Jch werde Jhre Beschwerde dort vorbringen u. wir werden alle mitsammen sehen, was da zu machen ist.

Mit herzlichem Gruß für Sie u. die Jhrigen Jhr Freud

[Zu jener Zeit war ich eifrig damit beschäftigt, eine Zentralstelle für psychoanalytische Literatur einzurichten. Es sollte ein wissenschaftliches Informationszentrum werden, das junge Wissenschaftler beispielsweise durch die Bereitstellung psychoanalytischer Bibliographien unterstützen sollte. Die hier erwähnten Bitten beziehen sich auf das dafür notwendige Büromaterial.]

10. 3. 21

Lieber Herr Doktor

Jch übersende Jhnen die Einlage zur autoritativen Beantwortung. Nebenbei: Können Sie mir sagen, wo die nachstehende Strophe: (die ich für die Massenpsychologie brauche) zu finden ist:

Christophorus trug den Christus – Christus trug die ganze Welt. Sagt wohin hat Christophorus – eigentlich den Fuß gestellt?

Jch habe – erfolglos – bei Goethe gesucht.

Herzlich Jhr Freud

[FREUD, der meine Belesenheit überschätzte, fragte mich häufig nach der Quelle eines Zitats. In diesem Fall konnte ich sie finden.

Die beiden folgenden Notizen standen auf Visitenkarten von Patienten, die FREUD an mich verwiesen hatte.]

20. 3. 22

Herrn Dr. Th. Reik – Südbahnhotel
Dame 26 J. aus Australien mit Verdacht auf psychogene Krank-

heitsfälle. Ps. a. Untersuchung durch 2–3 Wochen zur Entscheidung. Eventuell volle Kur. Pat. spricht etwas Deutsch. Lungenuntersuchung einmal nicht unterlassen.

Freud

9. 6. 20

Dr. Th. Reik IX. Lackirergasse 1a
Engländer besondere Verhältniße, bitte gelegentliche Analysenstunden bei seinen Anwesenheiten zu geben.

Freud

[Die Versuchsanalyse des ersten Falles (in Wien fanden täglich analytische Sitzungen statt) bestätigte FREUDS Diagnose. Der zweite Patient stand im diplomatischen Dienst und war deshalb nur gelegentlich in Wien.]

Bad Gastein 8. 7. 22
Lieber Herr Doktor
Dank für Jhre prompte Erledigung. Meine Erwartung einige Mitglieder los zu werden, hat sich also nicht erfüllt! Das Schuldigbleiben über ein Jahr hat natürlich für die Betreffenden keine Konsequenzen.

Herzlich Jhr Freud

[Bezieht sich auf eine meiner Funktionen als Sekretär der Wiener Psychoanalytischen Vereinigung.]

Laverone 17. 8. 23
Lieber Herr Doktor
Wenn mir die Gräfin schreibt, werde ich Sie sehr entschieden unterstützen, aber Sie müßten darauf vorbereitet sein, daß es dann zum Bruch kommt. Jst der Vater absolut ohne Einfluß?
Der Beitrag Jhres Kleinen ist sehr schön, ich bewahre ihn auf.
Mit herzl. Gruß für Sie und Jhre Frau          Jhr Freud

[Die »Gräfin« war die Mutter eines jungen Mannes, den FREUD zur psychoanalytischen Behandlung an mich überwiesen hatte. Durch ihre Einmischung wurde die Fortsetzung der Analyse unmöglich. Der Beitrag meines Sohnes Arthur findet sich in meinem Buch *Geständniszwang und Strafbedürfnis,* das 1925 veröffentlicht wurde.]

Salzburg Pens. Moritz 10. 8. 22
Lieber Herr Doktor

»Auf allgemeines Verlangen«, d. h. sehr ungern, bin ich bereit einen Kongreßvortrag zu halten u. erbitte mir das Vorrecht ihn bis zum Ende vorbehalten zu dürfen.

Jhr geheimes Memorandum über das Referatenwesen habe ich mit Bedauern gelesen. Man sieht, wie sehr noch die Analytiker selbst unter der Herrschaft des Lustprinzips stehen. Abhilfe weiß *ich* keine, doch werden Jhre Vorschläge auf oder vor dem Kongreß die ernsthafteste Erwägung finden.

Herzl. Gruß J. Freud

[Das FREUD von mir überreichte Memorandum bezog sich auf die Rezensionen für die analytischen Zeitschriften. Ich war unzufrieden, weil viele Mitarbeiter ihre Termine nicht einhielten. Der folgende Brief bezieht sich auf mein Buch *Geständniszwang und Strafbedürfnis*, das weiter oben bereits erwähnt wurde.]

13. I. 25
Lieber Herr Doktor!

Jch habe Jhre gedankenreiche und folgenschwere Arbeit mit großem Jnteresse studiert. Anfangs schien es mir, dass Sie aus den Beispielen von Selbstverrat durch Versprechen allzuleicht den Schluss ziehen, sie bedeuten ein Geständnis nicht nur als Effekt sondern auch als Absicht. Und wirklich könnten Sie diese anfängliche Unsicherheit schärfer betont haben. Aber die weitere Ausführung macht Jhre These immer plausibler und der Versuch, den Anteil des Ueberichs an jeder Neurose nachzuweisen, scheint mit ebenso legitim wie fruchtbringend. Das Ganze ist etwas breit ausgeführt, aber klar und fesselnd, sehr viel gescheite Gedanken eingestreut. An einigen wenigen Stellen habe ich Sie durch rote Striche auffordern wollen, den betreffenden Satz nochmals in Auge zu fassen, Obwohl ich, meiner Übung getreu, es vermeide, über eine frischgelesene Arbeit endgiltig zu urteilen, will ich doch mit meinem Eindruck nicht zurückhalten, dass Sie da etwas besonders Gutes geschaffen haben. Verfügen Sie nun über das Manuskript.

Mit herzlichem Gruss Jhr Freud

108

28. II. 1926

Lieber Herr Doktor!

Auf Jhr »Pro Memoria« vom 21. d. sollte ich eigentlich mit einer Einladung zu einer längeren Unterhaltung auf einem Spaziergange antworten. Jch täte es auch gerne, wenn ich nicht, wie Sie wissen, durch all meine kleinen und grösseren Gebrechen und Beschwerden gehemmt würde. Jedenfalls habe ich mich bei der Lektüre ausgezeichnet unterhalten, auch wo ich nicht ganz mit Jhnen einverstanden war; in so persönlichen Dingen haben Sie es wohl selbst nicht erwartet. Eine einzige Korrektur Jhrer Ausführungen müssen Sie sich ohne Widerspruch gefallen lassen. Sie ist unabweisbar und leicht zu belegen. Es ist die folgende: Sie halten mir vor, dass ich Romain Rolland angesprochen habe: »Unvergleichlicher!«, was Jhnen als unangemessen scheint. Wenn Sie aber das Liber Amicorum oder die Auszüge der Neuen Presse zur Hand nehmen, so werden Sie finden, dass meine Anrede gelautet hat Unvergesslicher!, von welchem Urteil Jhre Kritik sicherlich abgleitet. Das war nicht wichtig, ist aber doch vielleicht interessant.

Trotz des Selbstbekenntnisses zur Rachsucht, halte ich Sie für einen recht gutmütigen und wohlwollenden Menschen und darf darum auch meine Schwächen und Fehler Jhrer Nachsicht anvertrauen.

Mit Herzlichen Grüssen Jhr Freud

[Ich hatte FREUD geschrieben, er würde ROMAIN ROLLAND überschätzen, den ich nicht besonders mochte. In dem zum Geburtstag des Dichters erschienenen *Liber Amicorum* hatte FREUD eine Grußadresse veröffentlicht.]

23. I. 1928

Lieber Herr Doktor

Wenn ich versäumt habe, Jhren Brief zu beantworten der den Wunsch nach einer Unterredung aussprach so geschah es gewiß nicht in der Absicht, Sie fern zu halten. Wol eher weil meine Trägheit damit rechnete, Sie werden am nahe bevorstehenden Gesellschaftsabend Gelegenheit haben, einen solchen Besuch mit mir zu verabreden. Wir haben doch im Sommer so zwanglos verkehrt, Daß Sie nicht wie ein fremder Jnterwiewer um eine Audienz zu bitten haben.

109

Eitingon wird schon Freitag abends hier sein, dann wäre eine Unterhaltung zu dritt das zweckmäßigste. Wenn Sie aber am 27. dMt. schon in Paris sind, dann telephoniren Sie vorher wegen der Zeitbestimmung Jhres Besuchs bei mir, und ich werde Jhre Sache später bei Eitingon führen. Jch weiß, daß Sie sich hier nicht wol befinden, bedaure sehr, daß Jhre Stimmung und Lebenseinstellung so unbefriedigend werden, gerade während Jhre intellektuelle Leistung sich so glänzend entwickelt und gebe zu, daß ich meinen Anteil zur Lösung Jhres Problems infolge meiner Krankheitsisolierung nicht beitragen kann.

herzlich Jhr Freud

[Während des vorausgegangenen Sommers hatten FREUD und seine Familie auf dem Semmering gelebt, einer Sommerfrische bei Wien. Ich selbst verbrachte mit meiner Familie die Sommermonate im nahe gelegenen Südbahnhotel, so daß ich FREUD fast jeden Tag sehen konnte. Mein hier erwähntes »Problem« ist wieder einmal die finanzielle Misere.]

26. 2. 1928
Lieber Herr Doktor

Von Jhren drei Beiträgen schätze ich den ersten als wolberechtigte, geistreiche Fortführung einer analytischen Theorie, den dritten als schönes Beispiel einer Traumdeutung u. Einblick in eine Selbstanalyse. Zum zweiten kann ich nur schwer ein Verhältnis gewinnen. Das Dunkel, das noch immer das ubw. Schuldgefühl umhüllt, scheint mir durch keine der Diskussionen darüber gelichtet. Die Komplikation wird nur gesteigert. Natürlich wird auch dieser Beitrag abgedruckt wenn Sie es wünschen.

herzlich Jhr Freud

[Diese drei Aufsätze sind zusammen mit anderen in meinem Buch *Der Schrecken* vereinigt, das 1929 erschien und auch ins Englische übersetzt wurde. Auch der folgende Brief bezieht sich auf dieses Buch.]

Tegel 23. X. 28
Lieber Herr Doktor

Jch habe alle Aufsätze gelesen. Sie sind alle gehaltvoll, schön geschrieben, ihr Verdienst in der psycholog. Vertiefung. Natürlich von ungleichem Wert. Am meisten Eindruck machte mir der erste über die traumatische Neurose, am wenigsten konnte ich mich mit dem nach außen gewendeten Masoch befreunden.

Die Widmung wie die Einleitung sind natürlich unmöglich. Auch die sonst eingestreuten, bald witzigen bald nur gehässigen Bemerkungen über die Kollegen sollen herausgeschafft werden. Sie verraten, daß der Autor den subjektiven Anläßen seiner Untersuchungen noch zu nahe steht. Sie geben der Kritik zu bequeme Waffen an die Hand.

herzlich Jhr Freud

Berlin-Tegel

Lieber Herr Doktor

Jch habe die Absicht Sie zu einer Unterhaltung einzuladen, keineswegs aufgegeben, warte nur ein günstigeres Stadium meiner Behandlung ab. Heute erbitte ich mir nur eine Auskunft von Jhrer überlegenen Literaturkenntnis, zur Zeit da ich selbst von meiner Bibliothek getrennt bin. Die Frage lautet: Wo steht bei Schiller oder Goethe die bekannte Rede: Wer Kunst und Wissenschaft hat, der hat Religion etc. Mein Verdacht auf die Xenien hat sich nicht bestätigt. Etwa Goethes Sprüche in Versen?

Herzlich grüßend Jhr Freud

P. S. Natürlich auch: Wie heißt es im vollen Wortlaut?

10. 4. 1928

Lieber Herr Doktor

Jch gratulire Jhnen herzlich zur zweiten Auflage Jhres Rituals! Ein schöner Erfolg inmitten einer feindlichen Umwelt! Jhre späteren Arbeiten haben das Versprechen eingelöst, das in diesen ersten gegeben war, und von Jhren Zukünftigen darf man noch mehr erwarten.

Mit vielen anderen bedaure ich nur, daß Sie Jhren persönlichen Stimmungen soviel Ausdruck in Jhren objektiven Studien einräumen. Noch mehr bedaure ich, daß meine Verhältniße es mir unmöglich machten etwas an den Faktoren zu ändern, welche diese Stimmungen hervorrufen, entschuldigen, aber doch in höherem Sinne nicht rechtfertigen.

Mit herzlichem Gruß Freud

Tegel 28. X. 28

Lieber Herr Doktor

Darf ich Sie in Erinnerung an eine frühere Funktion von Jhnen bitten, sich beiliegenden Manuskripts anzunehmen.

Mit Vergnügen gehört, daß Jhr gestriger Vortrag ein Erfolg war.

Herzlich Jhr Freud

Tegel 13. 9. 1928

Lieber Herr Doktor

Jch kann mir Jhr Vorgehen in folgender Art erklären. Sie schikken mir diese Vorbemerkungen, unterwerfen sich meiner Entscheidung ob sie gedruckt werden sollen und sehen voraus, daß ich dieselben als Jhrer in Form und Gehalt gleich unwürdig verwerfen werde. Dabei haben Sie ohne jede Gefahr sich Luft gemacht – abreagirt –.

Die Rechnung ist richtig, aber es kränkt mich doch sehr, daß Sie solcher Therapie überhaupt bedürfen. Jhre Feindseligkeit geht doch über jedes berechtigte Maß hinaus, sprengt die Grenzen des Erlaubten u. verdirbt Jhre Darstellung und muß jeden, der wie ich ein freundschaftliches Jnteresse an Jhnen hat und Jhre Leistungen hochschätzt sehr betrüben. Es darf so nicht weitergehen.

Jch hätte Sie längst gebeten mich aufzusuchen, aber ich bin gegenwärtig in einem übeln Zustand von Übergang, noch ganz leistungsunfähig und genötigt mich zu verbergen wie ein Krebs, der die Schale wechselt.

Herzlich grüßend Jhr Freud

[Ich hatte ihm einen Brief geschrieben, in dem ich mich mit großer Bitterkeit über einige Kollegen beklagte, die meinen Stolz verletzt hatten. Darin hatte ich meinem Unwillen völlig zügellos Ausdruck gegeben. FREUDS Brief, in dem er meine Haltung kritisierte, war natürlich völlig gerechtfertigt.]

Tegel 20. X. 29

Lieber Herr Doktor

Die berühmte Geschichte vom Mandarin (tuer son mandarin) findet sich doch bei Rousseau. Können Sie mir ohne viel Mühe sagen: Wo?

Herzlich Jhr Freud

18. XI. 29

Lieber Herr Doktor

Bitte plagen Sie sich nicht weiter mit dem »Jnch of Nature« und verzeihen Sie, daß ich Sie damit geplagt habe. Jch habe auf das Zitat verzichtet; niemand konnte es auffinden. Es bleibt ein Rätsel, woher ich es habe, denn eigene Leistung wird es kaum sein. Da ich außer Shakesp. nur Milton und Byron von englischen Dichtern zu lesen pflege könnte noch eine Möglichkeit bestehen es bei Byron zu finden. Aber *bitte* suchen Sie nicht und nehmen Sie meinen besten Dank für Jhre Mühe.

Mit herzlichem Gruß Jhr Freud

Berchtesgaden 21. 8. 1929

Lieber Herr Doktor

Nach meinem Urteil thun Sie dem kleinen Aufsatz über das religiöse Erlebnis wiederum zuviel Ehre an, wenn Sie ihn glossiren und erläutern, aber ich will Sie in Jhren Absichten nicht stören. Gewiß bringen Sie das hinzu, was der Analytiker in Ergänzung des Gesagten hinzufügen muß, aber die Religionspsychologen haben das nicht vermisst und werden es nach Jhrer Erläuterung nicht besser verstehen und nicht leichter annehmen. Jch habe natürlich nicht für diese Leser geschrieben.

Auch mögen Sie aus meinem Brief an Sie gerne veröffentlichen, was Jhnen passend erscheint. Die von mir mit roth eingezeichneten, auf unsere persönliche Beziehungen hindeutenden Stellen haben gewiß auch Sie von der Mitteilung ausschließen wollen. Meine Prothese nötigt mich, von Neuem Prof. Schröder aufzusuchen. Jch gedenke am 15. Sept. in Berlin einzutreffen und diesmal müßen Sie unser Abendgast in Tegel sein.

Jch grüße Sie herzlich Jhr Freud

[Der Brief bezieht sich auf meine Anmerkungen zu FREUDS Arbeit *Ein religiöses Erlebnis*, (siehe in: *The Search within*). Die andere Passage bezieht sich auf einen Brief, den FREUD mir geschrieben hatte in Antwort auf meine Besprechung seines Dostojewski-Aufsatzes (ebd.). FREUD kam immer wieder nach Berlin, um seine Kieferprothese neu anpassen zu lassen. Er wohnte dann in Berlin-Tegel, wo ich ihn besuchte. Ich war inzwischen von Wien nach Berlin umgezogen.]

Berlin–Tegel 15. 9. 1928

Lieber Herr Doktor

Jch will Sie gewiß sehen und sprechen. Mein Aufenthalt hier wird ja noch Wochen dauern. Gegenwärtig bin ich in meiner hilflosesten Zeit gleichsam im Schalenwechsel u. muß mich verstecken.

Herzlich Jhr Freud

23. 3. 1930

Lieber Herr Doktor

Sie wissen, daß ich kritische Äußerungen über rezente Arbeiten aus unserer Schule gern vermeide. Wenn ich bei Jhnen Ausnahmen mache, soll es Jhnen die besondere Schätzung Jhrer Arbeit beweisen.

An Jhrem letzten Beitrag zur ps.a. »Bewegung« stört mich eine Wandlung, die sich unter dem Einfluß von Looney's Buch »Shakespeare Jdentified« bei mir vollzogen hat. Jch glaube nicht mehr an den Mann aus Stratford

Mit herzl. Gruß Jhr Freud

[FREUDS Bemerkung bezieht sich auf den von mir veröffentlichten Aufsatz *Der Weg allen Fleisches.* Er beschäftigt sich hauptsächlich mit dem Todesproblem im *Hamlet.*]

6. 4. 1930

Lieber Herr Doktor

Dank für die Übersendung des Aufsatzes über mein »Unbehagen«. Jmmerhin das Beste und Würdigste was ich bisher darüber gelesen. Anfang Mai hoffe ich in Tegel zu sein.

Herzlich Jhr Freud

[Dieser Aufsatz wurde in *Imago* veröffentlicht. (Siehe auch in: *The Search within.*)]

30. 5. 1931

Lieber Herr Doktor

Dank für Jhren Geburtstagsgruß der mir besondere Freude bereiten mußte. Der Zweifel Jhres Jungen, ob man zu solchen Glückwünschen ein Recht habe, fand ich sehr verständig.

Herzlich Jhr Freud

[Ich hatte zu FREUDS Geburtstag in der Zeitschrift der jüdischen B'nai B'rith-Gesellschaft einen Aufsatz veröffentlicht. Darin zi-

tierte ich auch meinen damals sechs Jahre alten Sohn Arthur. Er
konnte nicht verstehen, warum man dem »Geburtstagskind« und
nicht den Eltern gratulierte. Zu Beginn dieses Aufsatzes hatte ich
darauf hingewiesen, daß wir alle an die Omnipotenz der Gedanken glaubten, wie die Sitte des Glückwünschens beweist. Er endet mit dem Satz: »Wir gratulieren uns zu Freuds Geburtstag.«]

8. 5. 1932

Lieber Herr Doktor

Dem behaglichen Nachdenken über Jhre literarische Begabung
gesellte sich die Befriedigung bei, endlich etwas über Sie zu erfahren, z. B., daß Sie in Berlin leben. Es hieß Sie wären abgezogen
und hätten eine kommerzielle Anstellung in der Czechoslowakei
angenommen. Jn diesen elenden Zeiten fühlt man sich noch ohn-
mächtiger als sonst. Aber sein Jnteresse giebt man doch nicht auf.

Jhr herzlich ergeb. Freud

[Ich hatte Freud mein gerade erschienenes Buch *Nachdenkliche
Heiterkeit* zu seinem Geburtstag übersandt. Die Depression in
Österreich veranlaßte mich, erneut nach Berlin zu ziehen.]

8. 9. 1932

Lieber Herr Doktor

Jch habe mich sehr gefreut, zu sehen, daß Sie nach dem »Auftau-
chen« aus Jhrer Zurückgezogenheit weder an Jhren kritischen
noch an Jhren literarischen Fähigkeiten Einbuße gelitten haben.
Jhr Buch ist sehr interessant, ich theile Jhre Bedenken gegen ge-
wiße beabsichtigte Anwendungen der Analyse und anerkenne
Jhr Geschick hinter dem Modernen das maßgebende Alte und
Ursprüngliche herauszufinden. Die Einwendung gegen das Buch
wird natürlich lauten, daß es im Wesentlichen negativ ist. Was
nichts schadet.

Meine Tochter, die ich für diesen Abend erwarte, wird mir gewiß einiges von Jhnen persönlich erzählen. Jch enthalte mich aller Klagen über versagende Körperfunktionen, da ich in meinem
Alter offenbar keine Ansprüche machen darf. Jmmerhin konnte
ich 7 meiner Vorlesungen fertig machen zur Ergänzung jener im
J. 1917 erschienene. Und einige andere Kleinarbeiten.

Mit herzlichen Wünschen für Sie und die Jhrigen Jhr Freud

[Dieses Buch ist *Der unbekannte Mörder*, 1932.]

Wien XIX Strassergaße 47
Lieber Herr Doktor

Jch wäre sehr froh, wenn ich wüßte, daß Sie in dem liebenswürdigen Haag eine dauernde Heimat gefunden haben. Sie sollten wieder irgendwo einwurzeln. Jch habe beschloßen Wien nicht zu verlassen, was immer hier geschehen mag. Schön, daß Sie arbeiten, d. h. produzieren. Jch kann es nicht mehr bin dadurch vieler Verantwortung ledig aber auch recht verarmt.

Mit herzlichen Wünschen Jhr Freud

[Ich war nach Den Haag gezogen, wo ich bis 1938 lebte, bevor ich dann in die USA emigrierte, Österreich stand damals kurz vor dem »Anschluß«.]

4. 1. 1935
Lieber Herr Doktor

Dank für Jhren Neujahrsbrief, der endlich die Nachricht bringt, die ich so lange erwarte, daß Sie sich in der Fremde einbürgern, gute Beziehungen anknüpfen und erwerben, was Sie brauchen. Ein Stück Stetigkeit und Sicherheit scheint doch die Bedingung unserer schweren Arbeit zu sein. Jch rechne darauf, daß Sie uns noch wertvolle Leistungen vom Range Jhrer ersten Studien schenken werden.

Jch habe Mahler im J. 1912 (oder 13?) einen Nachmittag lang in Leiden analysirt u. wenn ich den Berichten glauben darf, sehr viel bei ihm ausgerichtet. Sein Besuch erschien ihm notwendig, weil seine Frau sich damals gegen die Abwendung seiner Libido von ihr auflehnte. Wir haben in höchst interessanten Streifzügen durch sein Leben seine Liebesbedingungen, insbesondere seinen Marienkomplex (Mutterbindung) aufgedeckt; Jch hatte Anlaß die geniale Verständnisfähigkeit des Mannes zu bewundern. Auf die symptomatische Fassade seiner Zwangsneurose fiel kein Licht. Es war wie wenn man einen einzigen, tiefen Schacht durch ein rätselhaftes Bauwerk graben würde.

Jn der Hoffnung, noch oft Gutes von Jhnen zu hören, mit herzlichen Wünschen für 1935

Jhr Freud

[Dieser Brief ist die Antwort auf einen Brief von mir, in dem ich FREUD bat, mir von seinem Zusammentreffen mit GUSTAV MAH-

116

LER zu berichten. In meinem Buch *The Haunting Melody* gehe ich auf die Bedeutung dieses Briefes näher ein.]

Lieber Herr Doktor

Sie haben nicht ganz richtig prophezeit, daß ich Ihr neues Buch nicht lesen werde. Jch finde es geistreich und anregend, wie alles was Sie schreiben, aber ich hätte Jhre Konzentration auf ein einziges Problem lieber gesehen. Die Gefahr die Jhnen droht ist die Verzettelung.

Jn der Hoffnung, daß Sie im Kampf mit Jhren Schwierigkeiten erfolgreich bleiben werden,

herzlich Jhr Freud

[Dieses Buch ist *Der überraschte Psychologe*, das 1936 in Leiden veröffentlicht wurde.

Ehe ich nach Holland ging, um eine psychoanalytische Praxis zu eröffnen und in Den Haag als Kontrollanalytiker zu arbeiten, bat ich FREUD um eine Empfehlung, die er in englischer Sprache schrieb:]

*Certificate*

No one who knows psychoanalytic literature can be ignorant of the fact that the numerous contributions on applied psychoanalysis by Dr. Theodor Reik, especially those concerning religion and ritual, belong to the best and most successful in this field. They are unique of their kind. Whoever has the opportunity should feel obliged to support Dr. Reik in his career and to promote him so as to make the continuation of his work possible.

Prof. Dr. Sigm. Freud

[Der folgende Brief enthält FREUDS Antworten auf zwei von mir gestellte Fragen. Zum Verständnis von FREUDS Ausführungen sind einige Hinweise über die Zusammenhänge erforderlich, die diese Fragen veranlaßten. Der erste Teil von FREUDS Brief bezieht sich auf folgende Situation: Gegen Ende ihrer erfolgreichen analytischen Behandlung wollte eine wohlhabende Patientin von mir, ein Fräulein S. aus Den Haag, ihrer Dankbarkeit gegenüber der Psychoanalyse dadurch Ausdruck verleihen, daß sie eine Stiftung machte. Sie diskutierte mit mir ihre Pläne, wobei sie stark von ihrem Interesse für Kinderpsychologie und Pädagogik beeinflußt wurde. Zu jener Zeit gab es in Holland keinen kompetenten Kinderpsychoanalytiker. Deshalb wollte Fräulein S. begabte holländische Psychiater und Psychologen fördern, die bereit waren, sich in Wien einer Ausbildung als Kinderpsychologen bzw. Kinderpsychoanalytiker zu unterziehen. Die Stiftung sollte sie aber nicht nur während ihrer Studien- und Ausbildungsjahre in Wien, sondern auch bei der Etablierung einer Praxis in Holland unterstützen. Die Patientin, die nur die analytische Therapie kannte, von der psychoanalytischen Theorie aber keine Kenntnis hatte, bestand in mißverstandener Toleranz darauf, daß die Studenten nicht nur in psychoanalytischer Technik, sondern auch in Jungs therapeutischen Methoden unterwiesen würden. Sowohl der holländische Psychiater Dr. Katan, den sie persönlich kannte und der gerade von einem langen psychoanalytischen Training in Wien zurückkehrte, wie auch ich versuchten sie davon zu überzeugen, daß eine solche Kombination nicht sinnvoll wäre und außerdem am Wiener Psychoanalytischen Institut auch nicht angeboten wurde.

Die zweite Frage bezieht sich auf den Fall eines Psychiaters, der sich um die Mitgliedschaft in der Amsterdamer Psychoanalytischen Vereinigung bewarb, in der ich mich als aktives Mitglied betätigte. Der Kandidat war praktizierender Katholik und einige Funktionäre unserer Vereinigung äußerten Zweifel darüber, ob sich diese Einstellung mit den therapeutischen Erfordernissen der Psychoanalyse vereinbaren ließe. Man bat mich, Freud zu einer Stellungnahme zu diesem Problem zu bewegen. Seine Antworten auf beide Fragen haben auch heute noch Bedeutung für die Psychoanalyse und sind deshalb von beträchtlichem historischem und theoretischem Interesse.]

21. X. 1937

Lieber Herr Doktor

Jch teile durchaus Jhre und Katan's Meinung, daß ein praktisches Zusammenwirken der Psychoanalyse mit anderen psychotherapeutischen Richtungen in der Paedagogi und seelischen Hygiene der Kindheit derzeit aussichtslos und ein solcher Versuch nicht wünschenswert ist. Die Analyse würde dabei zu kurz kommen. Es ist gestattet anzunehmen, daß die Analytiker wertvolle Anregungen aus den anderen Verfahren berücksichtigen würden, aber es ist sicher, daß die Anderen keine analytischen Gesichtspunkte gelten lassen werden. Sie verstehen ja auch zu wenig davon. Vielleicht wird es einmal anders sein. Heute müßte ich Jhnen raten, eine Beteiligung an den Arbeiten einer solchen Stiftung abzulehnen.

Es ist mir leichter, Jhnen einen Rat zu geben, als der großherzigen Spenderin. Jch will die Dame gerne sehen, aber erst *nachdem* sie ihren Entschluß gefaßt hat. Wenn ihre Sympathie und ihr Urteil zwischen beiden Richtungen schwankt, so liegt ja die Auskunft nahe, daß sie nicht eine sondern zwei Stiftungen macht, die von einander unabhängig bleiben. Jch kann nicht Autorität einsetzen und eine Entscheidung herbeiführen wollen, wo ich ja unzweifelhaft parteiisch bin.

Zu der Sache des Dr. van Sterren scheint mir hingegen die Entscheidung leicht. Die Analyse widerspricht der katholischen Religion nicht viel mehr als jeder anderen Religion und nicht stärker als jede andere Wissenschaft. Konsequenter Weise müßte man alle irgendwie Gläubigen vom Besuch einer Universität ausschließen – wenn sie nicht gerade Theologie studiren wollen. Es ist sicherlich gerechter, sich um die Gläubigkeit eines Kandidaten nicht zu kümmern und es ihm selbst zu überlaßen, wie er zu dem unleugbaren Konflickt zwischen Religion und Wissenschaft einstellen kann.

Mit herzlichem Gruß Freud

21. 1. 1938

### Lieber Herr Doktor

Jch habe nichts gegen Jhre Bemerkung über den Einfluß der Analyse auf D.'s Perversion. Daß sich die von Jhnen angezogene Stelle V. 365 auf D. bezieht ist mir nicht mehr erinnerlich.

herzlich Jhr Freud

[Ich hatte FREUD um Erlaubnis gebeten, einige Passagen aus seiner Arbeit über Masochismus im fünften Band seiner Gesammelten Schriften zitieren zu dürfen. Diese Abschnitte beschäftigen sich mit dem Fall eines Masochisten, der lange Zeit bei FREUD in psychoanalytischer Behandlung war, bevor er ihn an mich zur Fortsetzung der Therapie überwies.

Die letzten drei Briefe, die ich von FREUD erhielt, stammen aus dem Jahr 1938. FREUD war inzwischen nach London übergesiedelt, ich lebte in New York.

Nachdem mir klar geworden war, daß ich nicht mehr länger in Holland bleiben konnte, wenn ich nicht den Nazis in die Hände fallen wollte, emigrierte ich im Juni 1938 in die Vereinigten Staaten. Die meisten Mitglieder der *New York Psychoanalytic Society* behandelten mich sehr von oben herab. Man ersuchte mich ernsthaft, nicht psychoanalytisch tätig zu werden, was einem Praxisverbot gleichkam. Ich beklagte mich darüber bei FREUD und fragte ihn, ob er nicht einen Weg wüßte, auf dem ich meine Arbeit fortsetzen könnte. Der erste Brief vom 3. Juli 1938 ist die Antwort auf diese Frage. Ihm folgte ein zweiter, der eine englisch geschriebene Empfehlung darstellt. Das letzte Schreiben ist ganz offensichtlich eine Reaktion auf einen weiteren Brief von mir, in dem ich mich wieder über die Feindseligkeit und Indifferenz meiner New Yorker Kollegen beklage.]

39 Elsworthy Road NW 3
3. 7. 1938

Lieber Herr Doktor

Welcher böse Wind hat Sie, gerade Sie nach Amerika geweht? Sie mußten ja wißen wie liebenswürdig unsere Kollegen dort Laienanalytiker aufnehmen, da für sie die Analyse nichts anderes ist als eine der Dienstmägde der Psychiatrie. Konnten Sie nicht länger in Holland bleiben?

Jch schreibe natürlich gern ein solches Zeugnis, wie es Jhnen nützen soll, aber ich zweifle, ob es Jhnen nützen wird. Wo giebt es denn drüben eine Anstalt, in deren Richtung es liegt, Jhnen die Fortsetzung Jhrer Arbeiten zu erleichtern? Haben Sie sich schon mit der Deutschen Akademie in Amerika (Th. Mann, Prinz Löwenstein a. A.) in Verbindung gesetzt?

Wenn ich an Sie denke, streiten bei mir Sympathie und Ärger. Jch könnte mich in England wol fühlen, wenn ich nicht durch alle möglichen Anforderungen unausgesetzt an meine Ohnmacht anderen zu helfen gemahnt würde.

Mit meinen besten Wünschen, die Sie diesmal gut brauchen können,

Jhr Freud

[Das folgende Zeugnis existiert nur in englischer Sprache (d. Red.)]:

I am surprised to learn that Dr. Th. Reik has gone to America where the fact that he is not a medical man is likely to interfere with his activity as an analyst. He is one of the few masters of applied analysis, as is shown especially in his earlier contributions, while his later work is more concerned with matters of general psychological interest. In both ways he has given proof of a high amount of intelligence, criticism and independent thought. Any man who is interested in the progress of the Science of Psychoanalysis should try to lend his assistance in the continuation of his work.

Prof. Sigm. Freud

20 Maresfield Gardens<br>NW 3 3. Okt. 1938

Lieber Herr Doktor

Jch bin bereit Jhnen zu helfen, sobald ich die Nachricht bekommen habe, daß ich wenn auch nur für kurze Zeit, mit der Machtvollkommenheit des lieben Gottes betraut worden bin. Bis dahin müßen Sie allein weiter rackern.

Mit herzl. Gruß Jhr Freud

[So geschah es auch.]

# Sach- und Namenregister

Abraham, Dr. Eitingon 105, 109
–, Dr. Karl 11, 101
Absolute, das 59
Amerikaner 37, 40f.
*Amerikanische psychoanalytische Vereinigung* 41
Antonius, hl. 61
Aphasien 98
*Arthur Schnitzler als Psychologe* (Th. Reik) 99f.
Assoziationsgesetze (W. Wundt) 25
Atheismus 57f.
Aufklärungsliteratur (18. Jahrh.) 59
Augustinus, hl. 73

Beer-Hofmann, Richard 19
Beethoven, Ludwig van 64
Bekehrung, religiöse 72f., 80f.
*Bibel, Die* 88
B'nai B'rith-Loge (Wien) 43, 113
Brahms, Johannes 103
Breuer, J. 98f.
Brion, Friederike 95
*Brüder Karamasoff, Die* (F. M. Dostojewski) 83
*Buch der Heiligen* 61
Byron, George Gordon Lord 112

Charakterneurosen 21
Clark University (Worchester) 98
Christophorus 105
*conversione fulminea* (»blitzartige« Bekehrung) 80
– *progressiva* (progressive Bekehrung) 80
Cuvier, Georges de 20

Darwin, Charles 70
Deltour, Clement 99
De Sanctis, Sante 80
Doppler, Christian 18f.
Doppler-Effekt 18
Dostojewski, Feodor M. 22, 25, 83ff.
*Dostojewski und die Vatertötung* (S. Freud) 21, 82ff., 112
*Drei Meister* (S. Freud) 92

Ego s. Ich
Ehrendoktor (L. L. D.) 98

Enzyklopädisten, franz. 17, 59
Epilepsie 90
Erinnerungsvermögen 15
Ethik 85ff.
Evolutionstheorie 70

*Faust* (J. W. von Goethe) 35, 77, 88
Feigenbaum, Dr. 17
Ferenczi, Dr. S. 102f.
Flaubert, Gustave 42
Fließ, Wilhelm 45ff.
*Fragment of a Great Confession* (Th. Reik) 95
France, Anatole 17f., 70
Frauen-Intellekt 66f.
Freud, Anna 95
Freud, Jakob (Vater) 45
Friedrich der Große 59
Fromentin, Eugène 8

Gesellschaft der Ärzte (Wien) 13
*Geständniszwang und Strafbedürfnis* (Th. Reik) 106f.
Gewissenshypertrophie 86
Geyer, Florian 70
Goethe, Johann Wolfgang von 8f., 22, 25f., 77, 88, 95
Graphologie 32f.

halluzinatorische Psychose 76f.
Halm, Friedrich 35
*Hamlet* (W. Shakespeare) 15f., 113
Haßimpulse 79ff.
*Haunting Melody, The* (Th. Reik) 116
Heine, Heinrich 28
Heller, Hugo 7
Heller, Wilhelm 99f.
Hieronymus, hl. 67
Homer(os) 88
Hrabanus Maurus 89
Hysterie 13, 46, 98

Ich, das (Ego) 32, 38, 90f.
*Ich und das Es, Das* (S. Freud) 46
Identifikation 32
*Imago* (Zeitschrift) 95, 98, 102
Impotenz 36
*Internationale Psychoanalytische Vereinigung* 22

*Internationale Zeitschrift f. ärztliche Psycho-analyse* 98
Inzest-Vorstellungen 36, 38

*Jahrbuch für Psychoanalyse* 99
James, William 80
Jean Paul (d. i. J. P. Richter) 9
*Jeremias* (St. Zweig) 19
Jodl, Friedrich 24 f.
Jones, Ernest 30, 44, 97
Judentum 43 f.
Judenverfolgungen 27 f.
Jugendsexualität 17
Jung, C. G. 51 f., 99, 117
*junge David, Der* (R. Beer-Hofmann) 19

Kastrationsangst 78 f., 81
Katan, Dr. 117
*Keren Hajazoth* (jüd. Organisation) 28
Keyserling, Hermann von 40
Kinderlüge 20
Kindheitseindrücke 77
Kirche, kath. 62 f.
*Knaben Wunderhorn, Des* 61 f.
Koch, Robert 18 f.
Kopernikus, Nikolaus 69 f.
Kraus, Karl 40
Krebs 31
Kriminalität 35
Kulturentwicklung 54 ff.

Laienanalyse 56
*Leben und Werk von Sigmund Freud, Das* (E. Jones) 30, 44
Leonardo da Vinci 56
*Liber Amicorum* (für Romain Rolland) 108
Libido 51
Logos (Vernunft) 68 f.
Löwenstein, Hubertus Prinz 119
Lügen 20
Lustprinzip 107
Lyell, Charles 20

Mahler, Gustav 61, 115 f.
Mann, Thomas 119
*Mann Moses und die monotheistische Religion, Der* (S. Freud) 27, 50
Maranos (getaufte span. Juden) 52
Marienkomplex 115
Mark Aurel 69
*März* (Zeitschrift) 96
Masochismus 118
Masturbation 16, 91 f.
Matriarchat 37
Michelangelo Buonarroti 13
Milton, John 112
*Monsieur Bergeret à Paris* (A. France) 17

Moses 24, 32, 50 f., 82, 104
*Moses* (Michelangelo) 13
Mutterfixierung 74 f.
*Mythos von der Geburt des Helden, Der* (S. Freud) 51

*Nachdenkliche Heiterkeit* (Th. Reik) 114
Nero 14
Neurosen 18, 20 f., 34, 50 ff., 66, 90 f., 107
*New York Psychoanalytic Association* 96, 119
Nietzsche, Friedrich 22, 25, 84

Ödipuskomplex 74 ff.
Offenbarung, religiöse 81 f.
Onanie s. Masturbation

Paracelsus 22
Persönlichkeitsstruktur, kriminelle 35 f.
–, neurotische 35 f.
Platon 22, 69
Polen 40
Pollak, Max 7
Potenz, sexuelle 36
»Primat des Intellekts« 64 ff.
Primitivvölker 69
Proselytenmacherei 79
*Psychoanalytische Vereinigung* (Wien) 16 f., 26, 39, 54, 106

Rank, Otto 50 f., 97, 102
Regression 78 f., 81
Religionskritik 57 ff.
Religionswissenschaft 81 f.
*religiöses Erlebnis, Ein* (S. Freud) 71 ff., 112
Rembrandt 8
Renan, Ernest 64
*Ritual, Das* (Th. Reik) 104, 110
Rolland, Romain 19, 108
Rousseau, Jean-Jacques 111
russ. Christentum 63 f., 85 ff.

Sachs, Dr. Hanns 11
Schiller, Friedrich von 88
Schnitzler, Arthur 19, 28
Schopenhauer, Arthur 22, 25
*Schrecken, Der* (Th. Reik) 109
*Schriften zur angewandten Seelenkunde* (Reihe) 98
Schuldgefühle 52, 63 f., 86, 99
*Schule der Weisheit* (Darmstadt) 40
*Search within, The* 112 f.
Selbstkontrolle 13
Shakespeare, William 22, 25, 27, 88
*Shakespeare Identified* (Looney) 113
Sohnesreligion 104
Sokrates 69
Sollier, Dr. P. 33

*Sommernachtstraum, Ein* (W. Shakespeare) 27
Sophrosyne 69
Spielleidenschaft 91 f.
Sterren, Dr. van 118
Stoa (griech. Philosophenschule) 69
Superego s. Über-Ich
Syphilophobie 50

*Tagebuch eines Philosophen* (H. von Keyserling) 40
*Talmud* 32
Thomas von Aquin 57
Tolstoi, Leo N. 88
Totemismus 104
*Totem und Tabu* (S. Freud) 43, 55, 98, 100
Trauma 20
*Traumdeutung, Die* (S. Freud) 25, 46 f., 98
Triebbefriedigung 38, 84 f.
Trotzreaktion 42, 79

Über-Ich, das (Superego) 37, 65 f., 107
*überraschte Psychologe, Der* (Th. Reik) 116
*unbekannte Mörder, Der* (Th. Reik) 114
Unbewußte, das 38, 80
Unsterblichkeit 71 f.
*Urgestalt der Brüder Karamasoff, Die* (Hg. R. Fülöp-Miller/F. Eckstein) 83

Vaterreligion 104
Vater-Repräsentanz 42, 78, 90 ff.

Verdrängung 25, 38
*Versuchung des heiligen Antonius, Die* (G. Flaubert) 42
Verzicht 84 f.
Viereck, G. S. 71
Voltaire (d. i. François-Marie Arouet) 59
*Vorlesungen zur Einführung in die Psychoanalyse* (S. Freud) 15

*Wahn und die Träume, Der* (S. Freud) 98
Wassermann, Jakob 28
*Weg allen Fleisches, Der* (Th. Reik) 113
Werfel, Franz 19
*Wiener Psychoanalytische Gesellschaft* 11
Witz, jüdischer 44 ff.
*Witz und seine Beziehung zum Unbewußten, Der* (S. Freud) 47, 98
Wundt, Wilhelm 25
Wunschbefriedigung 20, 38, 84 f.

*Zeitschrift für Psychoanalyse* 103
*Zentralblatt für Psychoanalyse* 102
Zerebrale Kinderlähmung 98
Ziehen, Theodor 25
Zivilisationsentwicklung 68 f.
Zola, Emile 42
*Zukunft einer Illusion, Die* (S. Freud) 54 ff., 58
Zwangsneurosen 50, 75 f.
Zwangsverhalten 42
Zweig, Stefan 19, 92 f.

# Studienausgaben

JOHN BOWLBY
**Bindung**
Eine Analyse der Mutter-Kind-Beziehung
382 Seiten

L. BRYCE BOYER
**Psychoanalytische Behandlung Schizophrener**
228 Seiten

ANNA FREUD
**Das Ich und die Abwehrmechanismen**
184 Seiten

EDRITA FRIED
**Der intensive Mensch**
264 Seiten

H. GOETZE/W. JAEDE
**Die nicht-direktive Spieltherapie**
220 Seiten

IWAN PETROWITSCH PAWLOW
**Die bedingten Reflexe**
248 Seiten

JOSEF RATTNER
**Psychoanalyse und Gruppenpsychotherapie der Angst**
196 Seiten

H. F. SEARLES
**Der psychoanalytische Beitrag zur Schizophrenieforschung**
(Collected Papers on Schizophrenia and Related Subjects)
276 Seiten

B. F. SKINNER
**Wissenschaft und menschliches Verhalten**
(Science and Human Behavior)
428 Seiten

B. F. SKINNER
**Die Funktion der Verstärkung in der Verhaltenswissenschaft**
(Contingencies of Reinforcement)

D. W. WINNICOTT
**Die therapeutische Arbeit mit Kindern**
(Therapeutic Consultations in Child Psychiatry)
326 Seiten mit 351 Zeichnungen

# verlegt bei Kindler

# Psyche des Kindes

**Herausgegeben von Dr. Dr. Jochen Stork**

BRUNO BETTELHEIM
**Die symbolischen Wunden**
Pubertätsriten und der Neid des Mannes
256 Seiten, Paperback

JULIEN BIGRAS
**Gute Mutter — Böse Mutter**
Das Bild des Kindes von der Mutter
216 Seiten, Paperback

EDWARD DE BONO
**Kinderlogik löst Probleme**
224 Seiten, Paperback

MELANIE KLEIN/JOAN RIVIERE
**Seelische Urkonflikte**
Liebe, Haß und Schuldgefühl
156 Seiten, Paperback

MELANIE KLEIN
**Der Fall Richard**
Das vollständige Protokoll einer Kinderanalyse
durchgeführt von Melanie Klein
700 Seiten, Paperback

PIERRE MÂLE
**Psychotherapie bei Jugendlichen**
Krisen und Probleme in der späten Pubertät
232 Seiten, Paperback

HANNA SEGAL
**Melanie Klein**
Eine Einführung in ihr Werk
180 Seiten, Paperback

DANIEL WIDLÖCHER
**Was eine Kinderzeichnung verrät**
Methode und Beispiele psychoanalytischer Deutung
244 Seiten, Paperback

D. W. WINNICOTT
**Reifungsprozesse und fördernde Umwelt**
(Maturational Processes and Facilitating Environment)
376 Seiten, Paperback

D. W. WINNICOTT
**Von der Kinderheilkunde zur Psychoanalyse**
304 Seiten, Paperback

# verlegt bei Kindler

# Psychologische Handbücher bei Kindler

ECKHARD H. HESS

**Prägung**

Die frühkindliche Entwicklung von Verhaltensmustern
bei Tier und Mensch
542 Seiten, Leinen

FREDERICK H. KANFER / JEANNE S. PHILLIPS

**Lerntheoretische Grundlagen der Verhaltens-
therapie**

(Learning Foundations of Behavior Therapy)
696 Seiten, Leinen

**Handbuch der Ehe-, Familien- und Gruppen-
Therapie**

Herausgegeben von CLIFFORD J. SAGER
und HELEN SINGER KAPLAN

Edition der erweiterten deutschen Ausgabe
von ANNELISE HEIGL-EVERS

Mit einem Vorwort von Horst E. Richter
3 Bände mit insgesamt 1276 Seiten, Leinen

**Handbuch der Verhaltenstherapie**

Herausgegeben von CHRISTOPH KRAIKER
2. Auflage, 672 Seiten, Leinen

**Handbuch der psychologischen Theorien**

von ANN F. NEEL
2. Auflage, 568 Seiten, Paperback

**Handbuch der Kinder-Psychoanalyse**

Einführung in die Psychoanalyse von Kindern und
Jugendlichen nach den Grundsätzen der Anna-Freud-Schule

Herausgegeben von GERALD H. J. PEARSON
424 Seiten, Leinen

IRVIN D. YALOM

**Gruppenpsychotherapie**

Grundlagen und Methoden
450 Seiten, Leinen

7-1-6-10-6